혁신 개정판

Just
GRAMMAR

신석영 지음

MG
3B

We're
위아북스

PROLOGUE

"영어는 세계의 동서남북을 한꺼번에, 내다볼 수 있는 마법의 창문이다." – 인도 수상 네루

그렇습니다. 책이 사람의 인생을 바꿀 수 있고, 책을 통해 전 세계를 여행하며, 영어를 통해 전 세계와 의사소통할 수 있습니다. 학생 여러분들이 필수적으로 갖추어야 할 생활 도구의 하나가 바로 영어가 아닐 수 없습니다.

요즘에는 '문법 무용론'을 주장하는 사람들도 있지만, 앵무새처럼 몇 마디 따라 말하고 일상 회화 정도를 하려고 영어를 공부하지 않을 것입니다. 특히 우리나라의 영어교육의 환경이 'EFL(English as a Foreign Language)', 즉, "외국어로서의 영어" 환경임을 제대로 이해하는 사람이라면 제 2외국어로써 무엇보다도 문장을 이해하는 것이 우선되어야 한다는 것은 기본이자, 상식입니다.

모국어로 영어를 습득할 수 있는 단계가 지나버린 우리 학생들에게는 오히려 인지 능력이 덜 형성된 상태이기 때문에, 성인 학습자들보다 학습 능력이 훨씬 떨어진다는 연구 결과를 발표한 학자들도 있습니다. 그러므로 '학생들이 무분별한 학교 교육 또는 어학원 영어, 그리고 외국인이면 무조건 받아들이는 관행으로는 오히려 학습 장애를 초래하는 결과를 낳을 수도 있습니다.

문법은 필요한 학습이지만, "올바른" 학습 방법이 아니면 의미가 없다!

문법 교육에 있어서는 '어떤 교재로 가르치느냐?, 누가 가르치느냐?'하는 것은 굉장히 중요한 사항입니다. 영어 실력도 중요하지만 무엇보다도 아이들의 특성을 이해하고 인지 발달 단계와 언어 학습 원리에 맞게 가르칠 수 있는 최적의 교재가 필요합니다. 수업에 대해 좋고 나쁨을 판단할 비판적 사고가 부족한 학생들에게 단지 시간과 비용만 투자한다고 해서 실질적으로 도움을 준다고 볼 수는 없습니다.

Just Grammar(혁신 개정판) 시리즈는 대한민국 영어교육의 최전선에서 현장강의를 통해 오랜 세월동안 직접 가르치며 만들었습니다. 입시학원과 외국어 학원 그리고 MBC 방송 강의를 통해서 실제 검증된 교수법을 바탕으로 학생들에게 가장 최적화된 학습물인 Just Grammar(혁신 개정판) 시리즈를 가만히 내놓습니다.

이 책의 특징은 다음과 같습니다.

첫째, 현행 중학교 영어 교과서 문법 내용을 중심으로 실용적인 문법 사항들을 체계적으로 편성했습니다.

둘째, 각 영어 교과서를 철저히 분석하여, 반드시 알아야 하는 내용을 짜임새 있게 엮었습니다. 또한 현실감 있는 상황에서 실세로 자연스러운 문법을 구사하는 연습을 할 수 있습니다. 문법 문제 하나하나를 일상적인 상황에서 활용할 수 있는 능력을 향상시키고, 학생의 흥미를 이끌 수 있는 활동으로 구성하였습니다.

셋째, 점점 중요성이 높아져 가고 있는 학교 내신 영어시험의 서술형 문제들에 효과적으로 대비할 수 있도록 서술형 기본 대비에서 실전 서술형, 논술형 문제까지 완벽 대비할 수 있도록 하였습니다. 특히, 학교에서 출제된 기출 응용문제와 교육청 출제 경향에 맞춘 다양한 문제들로 채워 서술형에 대한 고민을 완벽히 해결하였습니다.

넷째, 문법학습의 궁극적인 목표는 스피킹입니다. Super Speaking 코너를 통해 지금까지 배운 문법 사항을 스피킹으로 마무리할 수 있게 구성하여 자연스럽게 스피킹 시험에 대비할 수 있게 하였습니다.

"Just Grammar 혁신 개정판"이 출간되기까지 더 좋은 책을 위해 헌신의 노력을 다해주신 위아북스 관계자 여러분들에게 고개 숙여 깊은 감사를 드립니다. 부디 이 책을 통해서 모든 학습자들이 영어에 대한 자신감을 얻어 내신 성적 향상은 물론, 더 이상 영어로 인해 힘들어하지 않고 이것이 문법의 마지막 공부가 될 수 있기를 희망합니다. 마지막으로 항상 옆에서 힘이 되어주는 내 가족, 힘들어도 묵묵히 응원해준 내 아내 미선이, 그리고 아빠에게 언제나 용기와 희망을 주는 서윤이와 강민이에게 깊은 감사와 사랑을 전합니다.

신석영

학교 내신 · 서술형 문제를 뛰어넘어
Speaking과 Writing을 대비할 수 있는 교재

기존의 교재들은 문법 설명을 장황하게 설명하여 이해하기도 쉽지 않고 문법 중심 객관식 문제나 단편적인 단답형 주관식 문제들만 나열하고 있어 실제 학습효과를 기대할 수 없으나 Just Grammar 혁신 개정판 시리즈는 각 학년에서 중요하게 다루고 있는 문법 세부 항목을 체계적으로 정리하였고 쉬운 문법 문제에서 서술형 기초다지기 그리고 신경향 실전 서술형 평가문제들을 담았습니다. 그 어떤 교재에서도 찾아볼 수 없는 Super Speaking 코너에서는 배운 문법 내용을 실제 원어민들이 사용하는 말하기 연습을 할 수 있도록 구성한 국내 유일한 교재입니다.

1단계   문법 해설

Preview를 통한 대표 예문만 봐도 영문법의 개념을 이해할 수 있고 예문 중심으로 설명한 문법 설명은 머리에 쏙쏙! 어려운 문법 용어와 난해한 설명 방식에서 탈피하여 새로운 방식으로 문법의 줄기와 핵심을 잡아줄 것입니다. 참신한 예문은 실제 원어민들이 자주 사용하는 표현들을 담았습니다.

2단계   기본기 탄탄 다지기

배운 핵심 문법을 올바로 이해하였는지 바로 확인할 수 있는 연습 문제, 쉽고 재미있는 기본 문제들로 구성되어 문법에 대한 자신감이 쭉쭉! 올라갑니다.

3단계   서술형 기초 다지기

앞서 배운 Unit을 다시 점검할 수 있는 다양한 문제들을 구성하여 문법 개념을 확실히 이해할 수 있도록 하였습니다. 이를 통해 서술형 문제에 대비할 수 있도록 하였으며 문제의 난이도가 한 단계 업그레이드되어 실제 시험 유형의 문제로 내신에 대비할 수 있게 됩니다. 단순한 문법 연습이 아닌 응용, 심화 과정으로 발전해나간 누적식 구성이므로 모든 앞 내용이 자연스럽게 반복되어 충분한 학습 효과를 볼 수 있습니다.

4단계   Oral Test

학습한 문법 개념을 스스로 질문에 답을 하거나 현장 수업에서는 학생들이 답을 직접 말하며 대답하는 질의응답 형식의 test입니다. 하나의 Chapter가 끝난 후 또는 다음 Chapter를 공부하기 전 복습용으로 사용해도 좋습니다. 문법 개념에 대한 질문을 정확히 답을 하지 못할 때 다시 한 번 복습해야 한다는 것을 잊지 마세요!

5단계 중간 · 기말고사

해당 Chapter 학습을 마치고 학습 성취도를 평가할 수 있는 실전 문제, 심화 문제로 구성하였습니다. 실제 학교 시험을 철저히 분석하여 자주 출제되는 필수 문법 문제들로 수록하였습니다. 다양한 유형의 교과서 기출 문제와 서술형 문제까지 해결함으로써 내신 성적 향상에 큰 도움이 될 것입니다.

6단계 Grammar in Reading

독해 지문 안에 생생한 문법이 쏙쏙, 문법에 대한 개념의 이해와, 응용력이 생긴 이때 다양한 독해 지문을 통해 배운 문법을 독해에 즉시 활용하여 적용할 수 있도록 구성하였습니다.

7단계 Super Speaking

학습한 문법 내용을 Speaking에 적용하여 스피킹 영역에도 소홀함이 없게 구성하였습니다. Just Grammar 혁신 개정판 시리즈로 리딩, 라이팅, 스피킹을 연계하여 자연스럽게 전 영역을 아울러 학습하도록 구성하였습니다.

8단계 실전 서술형 평가문제

실제 학교에서 출제된 서술형 응용문제와 교육청 출제경향에 맞춘 서술형 평가대비 문제로, 학생들의 사고력과 창의력을 길러줍니다. 해당 Chapter에서 출제될 가능성이 있는 서술형 문항을 개발하여 각 학교의 서술형 평가문제에 철저히 대비할 수 있도록 하였습니다. 단순 암기에서 벗어나 직접 써보고 생각해 볼 수 있는 코너입니다.

9단계 워크북

보충자료 워크북을 활용하여 Just Grammar 3에 해당하는 모든 문법사항을 최종 정리하며 복습할 수 있습니다. 본책에 해당하는 문법사항 중 시험 적중률이 높은 유형의 문제들을 뽑았습니다. 숙제나 자습을 통해 보충하기에 좋은 자료입니다.

해설집
+
워크북 무료!

CONTENTS

Chapter 7
비교급과 최상급

Preview

Kathy's hair is **longer than** Kate's. Kathy의 머리는 Kate의 머리보다 더 길다.
Is Japanese **more** difficult **than** Korean? 일본어가 한국어보다 더 어렵니?

① 비교급은 두 명의 사람 또는 두 개의 사물을 놓고 서로 비교하는 것으로 '형용사/부사의 비교급 + than + 비교 대상'으로 쓰고 '비교 대상 보다 더 ~하다'의 뜻이다. 형용사가 2음절 이상이거나 −ly로 끝나는 부사 앞에는 more를 쓴다.

The Pacific Ocean is **bigger than** the Red Sea. 태평양은 홍해보다 더 크다.

In Korea, soccer is **more** popular **than** basketball. 한국에서 축구는 농구보다 더 인기가 많다.

② 격식을 갖춘 영어에서는 than 뒤에 주격 대명사를 쓰지만 일상영어에서는 목적격을 더 많이 쓴다.

My girlfriend is **older than** *me*. 내 여자 친구는 나보다 나이가 더 많다.

You're **taller than** *her*. 너는 그녀보다 더 키가 크다.

기본기 탄탄 다지기

1 다음 괄호 안에서 알맞은 것을 고르시오.

(1) Tom is (taller / tall) than Justin.

(2) A plane is (fast / faster) than a train.

(3) My bag is (heavier / heavy) than yours.

(4) Susan's house is (expensiver / more expensive) than Cordy's apartment.

2 다음 우리말과 뜻이 같도록 괄호 안의 말을 이용하여 문장을 완성하시오.

(1) 이번 달 시험은 지난달 시험보다 더 어려웠다.

➡ This month's test was ＿＿＿＿＿＿ ＿＿＿＿＿＿ last one. (hard)

(2) 농구선수들이 야구선수들 보다 키다 더 크다.

➡ Basketball players are ＿＿＿＿＿＿ ＿＿＿＿＿＿ baseball players. (tall)

(3) 나는 너보다 더 유창하게 영어를 할 수 있다.

➡ I can speak English ＿＿＿＿＿＿ ＿＿＿＿＿＿ you. (fluently)

▶주어의 인칭과 시제에 따라 일반동사 대신 do/does/did를 쓰거나 생략할 수 있다. 조동사도 마찬가지이다. than 뒤에는 절(주어 + 동사)을 쓸 수 있고 구(단어 + 단어)를 쓸 수도 있다.

She studies harder than I do(study).
= She studies harder than me.
(informal)
The movie was better than I expected.

▶비교급 앞에 'the'를 쓰지 않는 것이 원칙이나 비교 범위가 둘(of the two)로 명확히 정해져 서로 알고 있는 경우 비교급 앞에 'the'를 쓴다.

Jane is the taller of the two girls.
This is the heavier of these two bags.

Unit 2 ● 비교급 강조 / less + 원급 + than

Preview

She's **much** *younger* than her husband. 그녀는 남편보다 훨씬 더 젊다.
Bob is **less** conservative **than** Kevin. Bob은 Kevin보다 보수적이지 않다.

① 형용사와 부사의 원급은 very로 강조하지만 비교급을 강조할 때에는 very를 쓰지 않고 '**훨씬**'의 의미로 much, a lot(= far), still, even을 쓰고, '약간 더 ~한/하게'의 의미로 a little bit, a little(= slightly) 등을 쓴다.

Sandra drives **very** *carefully*. Sandra는 매우 조심스럽게 운전한다.

Sandra drives **much** *more* carefully than me. Sandra는 나보다 훨씬 더 조심스럽게 운전한다.

The Jeju island is **a little** *bigger* than the Dokdo island. 제주도는 독도보다 좀 더 크다.

② 'less + 형용사/부사 + than'은 비교급과 반대로 '~보다 덜(더) ~하다(하지 못하다)'란 뜻의 열등비교이다. 자주 쓰이는 표현은 아니고 주로 일상영어에서는 원급비교(as ~ as)에 not을 붙인 'not as(so) ~ as'를 더 자주 쓴다.

She is **less** intelligent **than** her sister. 그녀는 그녀의 언니보다 덜 똑똑하다.

= She is **not as** intelligent **as** her sister. (more common)

기본기 탄탄 다지기

1 다음 글을 읽고 괄호 안에서 알맞은 말을 고르시오.

(1) Steve is (much / very) old.

(2) Steve is (a lot / very) older than me.

(3) This watch is not (a little bit / very) expensive.

(4) This watch is (very / much) more expensive than that one.

▶열등비교 'less ... than'은 less 뒤에 반드시 형용사와 부사의 원급을 쓰고, 비교급을 쓰지 않는다. 또한 2음절 이상인 형용사라 해도 'less more popular'처럼 쓰지 않는다.

2 주어진 문장과 뜻이 같도록 빈칸에 알맞을 말을 쓰시오.

(1) The actor isn't as popular as the actress.
= The actor is _____ the actress.

(2) The book is more expensive than the pen.
= The pen is _____ the book.

(3) A bee is not as big as a bird.
= A bee is _____ a bird.

Unit 3 • 비교급을 이용한 다양한 표현

Buildings are getting **taller and taller**.
건물들이 점점 더 높아지고 있다.

The sooner we leave, **the sooner** we will get there.
빨리 떠나면 떠날수록, 우리는 더 빨리 그곳에 도착할 것이다.

(1) '비교급 + and + 비교급'은 '점점 더 ~한'의 뜻으로 계속해서 변화하는 것을 강조하기 위해 사용한다.

It's becoming **harder and harder** to find a job. 직업을 찾기가 점점 더 어려워지고 있다.

Water pollution is becoming **more and more** serious. 수질오염이 점점 더 심각해지고 있다.

(2) 'the + 비교급, the + 비교급'은 앞의 내용이 조건이나 원인, 뒤의 내용이 결과에 해당하여 상호연관을 갖고 변화하고 있음을 보여준다. '~하면 할수록 더 ~하다'의 뜻이다.

The warmer the weather, **the better** I feel. 날씨가 따뜻해질수록, 나는 기분이 더 좋아진다.

The hotter it gets, **the more** ice cream is sold. 날씨가 더워질수록 아이스크림은 더 많이 팔린다.

기본기 탄탄 다지기

1 괄호 안의 단어를 사용하여 빈칸에 알맞은 말을 쓰시오.

(1) 그 일을 빨리 시작할수록 더 좋을 것이다.

➡ The sooner you start the work, _____ _____ it will be.
(good)

(2) 할머니는 점점 더 약해지고 계신다.

➡ My grandma is getting _____ _____ _____.
(weak)

2 괄호 안에서 알맞은 말을 고르시오.

(1) Life in the modern world is becoming more and (the more / more) complex.

(2) The younger you are, (easier / the easier) it is to learn.

(3) (The more / More) and more people are learning Korean these days.

> ▶no more than (= only)은 '단지, 겨우', not more than(= at most)은 '기껏 해야, 많아야', much more는 '훨씬(한 층) 더 ~하다'란 뜻의 관용표현이다.
>
> I have **no more than** two dollars.
> He spent **not more than** 100 dollars.
> The new drugs are **much more** effective.
>
> ▶—or로 끝나는 형용사인 senior, junior, superior, inferior와 동사 prefer는 비교대상 앞에 than 대신 to를 쓴다.
>
> He is two years **senior to** Peter.
> The new version of this 3D game is far **superior to** the old one.

서술형 기초 다지기 ❶

1 다음 등식과 뜻이 같도록 빈칸에 알맞은 말을 쓰시오.

(1) The Pacific Ocean is deep. > The Mediterranean Sea is deep.

➡ The Pacific Ocean is _____ _____ the Mediterranean Sea.

(2) Tokyo is dangerous. > Seoul is dangerous.

➡ Tokyo is _____ _____ _____ Seoul.

(3) An owl is big. < An ostrich is big.

➡ An ostrich is _____ _____ an owl.

(4) Driving a car is expensive. < Taking the train is expensive.

➡ Taking the train is _____ _____ _____ driving a car.

(5) Ann works hard. > Most of her friends work hard.

➡ Ann works _____ _____ most of her friends.

2 다음 우리말과 뜻이 같도록 괄호 안의 말을 이용하여 문장을 완성하시오.

(1) 농구선수들이 럭비선수들보다 훨씬 더 키가 크다. (much, tall)

➡ Basketball players are _____ _____ _____ Rugby players.

(2) 스마트폰이 MP3보다 훨씬 더 비싸다. (even, expensive)

➡ The smartphone is _____ _____ _____ the MP3 player.

(3) 오늘은 어제보다 조금 더 덥다. (a little bit, hot)

➡ It is _____ _____ today _____ yesterday.

(4) 서울에 사는 것이 도쿄에서 사는 것보다 훨씬 더 좋다고 생각한다. (a lot, good)

➡ I think that living in Seoul is _____ _____ _____ living in Tokyo.

3 '비교급 + and + 비교급' 표현을 이용하여 다음 문장의 빈칸을 완성하시오.

(1) When I get excited, my heart beats _____. (fast)

(2) The hurricane is getting _____. (strong)

(3) Cell phones are becoming _____. (small)

(4) As she waited for her interview, she became _____. (nervous)

4 다음 보기와 같이 주어진 문장을 less ~than을 이용한 열등비교 문장으로 바꿔 쓰시오.

> Mary isn't as smart as her brother.
> ➡ Mary is less smart than her brother.

(1) Baseball games aren't as exciting as soccer games.

➡ _____

(2) I don't visit my uncle as often as I visit my grandfather.

➡ _____

(3) Some people think that life in a city isn't as peaceful as life in a small town.

➡ _____

5 다음 보기와 같이 주어진 문장을 'the + 비교급, the + 비교급'을 이용하여 바꾸어 쓰시오.

> If the fruit is fresh, it tastes good.
> ➡ The fresher the fruit is, the better it tastes.

(1) The children got noisy. The teacher got angry.

➡ _____

(2) We worked hard. We earned lots of money.

➡ _____

(3) If you eat lots of chocolate, you'll get fat.

➡ _____

Oral Test

Challenge 1 비교급의 쓰임을 알고 있는가?

비교급은 '[   ] + [   ] + [   ]'으로 두 명의 사람이나 사물을 서로 비교한다. 형용사가 2음절 이상이거나 −ly로 끝나는 부사 앞에는 [   ]을 써서 비교급을 만든다.

The population of Seoul is **larger than** that of Busan. 서울의 인구는 부산의 인구보다 더 많다.

He is **taller than** Tom. 그는 Tom보다 더 키가 크다.

My mother was **happier than** me. 엄마가 나보다 더 기뻐하셨다.

Challenge 2 비교급의 강조는 어떻게 하고 열등비교는 무엇인가?

(1) '훨씬'의 뜻으로 비교급을 강조하고자 할 때 비교급 앞에 [   ]를 쓰지 않고 much, a lot(= far), still, even을 쓰고, '약간 더 ~한/ 하게'의 뜻으로는 a little bit, a little(= slightly) 등을 써서 강조한다.

My wife feels **much** *happier* now than before. 내 아내는 전보다 지금이 훨씬 더 행복하다고 느낀다.

This shirt is **a little bit** *bigger* than that one. 이 셔츠는 저것보다 약간 더 크다.

(2) '~보다 덜(더) ~하다(하지 못하다)'란 뜻의 열등비교는 비교급의 반대로 '[   ] + 형용사/부사 + [   ]'으로 비교급을 만든다. 형용사나 부사를 비교급으로 만들지 않고 원급을 그대로 써야 한다.

She is **less** *strong* **than** Wonder Woman. 그녀는 원더우먼보다 덜 강하다.

Challenge 3 비교급의 다양한 쓰임을 알고 있는가?

(1) 계속해서 변화하는 것을 강조하기 위해 '[   ] + [   ] + [   ]'을 쓴다. '점점 더 ~한'의 뜻으로 해석한다.

The world is getting **smaller and smaller**. 세계가 점점 더 좁아지고 있다.

She is becoming **more and more** annoyed with him. 그녀는 그를 점점 더 귀찮아한다.

(2) '[   ] + 비교급, [   ] + 비교급'은 '~하면 할수록 더~하다'의 뜻으로, 상호 연관을 갖고 변화하고 있음을 보여준다. 앞의 내용이 원인, 뒤의 내용이 결과를 나타낸다.

The longer he talked, **the more** confused they became. 그의 말이 길어질수록, 그들은 더욱 더 혼란스러워졌다.

The more you exercise, **the stronger** you get. 운동을 하면 할수록 더 강해진다.

Unit 4 ● 최상급의 쓰임

Mt. Everest is **the highest** mountain. 에베레스트산이 가장 높은 산이다.
Summer is **the hottest** of all. 여름이 사계절 중 가장 덥다.

① 최상급은 형용사/부사에 −est 또는 most를 붙여 만든다. 셋 이상의 사람이나 사물 중에서 '(누가/무엇이) 가장 ~한'이란 뜻이 된다. 형용사 부사의 최상급 앞에 the를 쓰는데 가족이나 친구와 말할 때, 또는 일상영어에서 는 종종 형용사와 부사의 최상급에 the를 쓰지 않는다.

The Nile is **the longest** river in the world. 나일강은 세계에서 가장 긴 강이다.

Cheetahs run **the fastest** of all the land animals. 치타는 모든 육지 동물들 중에서 가장 빨리 달린다.

② 최상급 뒤에는 비교 범위를 정해주는 in이나 of가 온다. in(~안에서) 뒤에는 장소나 단체인 단수 명사(this class, the world, my family 등)를 쓰고, of(~중에서) 뒤에는 복수 명사(all the cities, all the students, four seasons 등)를 쓴다. 형용사절을 써서 최상급의 명사를 수식하기도 한다.

Which is *the coldest* planet **in** our solar system? 우리 태양계에서 가장 추운 행성은 어느 것이니?

February is *the shortest* **of** all the months. 2월은 모든 달 중에서 가장 짧다.

It is *the most boring* movie **that** I've ever seen. 그것은 내가 지금껏 본 것 중에서 가장 지루한 영화이다.

기본기 탄탄 다지기

1 괄호 안에서 알맞은 표현을 고르시오.

(1) Sunny is (older / oldest) than me.

(2) They are the (more expensive / most expensive) shoes in the store.

(3) My girlfriend is (the shortest / shorter) of them.

(4) Toronto is the largest city (of / in) Canada.

(5) The blue whale is the biggest (of / in) all animals.

(6) She is the most popular actress (of / in) Korea.

(7) A tiger is (more dangerous / the most dangerous) than a snake.

▶앞서 명사가 제시되어 말하지 않아 도 문맥상 그 내용을 짐작하여 알 수 있는 경우 형용사의 최상급 뒤에 명사 를 쓰지 않을 때도 있다. 그러나 항상 명사를 생략할 수 있는 것은 아니다.
There are four seasons in Korea.
Winter is **the coldest** (season) of all.

▶'the least'는 the most의 반대 의미 로 '가장 ~하지 않는'이란 뜻으로 the least 뒤에는 원급을 쓴다. 하지만 일 상영어에서는 자주 쓰지 않는다.
Sandra is **the least** tall student in her class.
= Sandra is **the shortest** student in her class. (more common)

Unit 5 ● 최상급의 다양한 쓰임

Preview

Beijing is **one of the biggest cities** in China.
베이징은 중국에서 가장 큰 도시 중 하나이다.
This show is **funnier than any other sitcom** on TV.
이 쇼는 TV에서 방영 중인 다른 어떤 시트콤보다 더 재미있다.

① 'one of the + 최상급 + 복수 명사'는 '가장 ~한 것 중의 하나'라는 뜻으로 명사는 반드시 **복수 명사**를 쓴다.

It is **one of the worst experiences** I've ever had. 그것은 내가 겪었던 가장 나쁜 경험들 중 하나이다.

She is **one of the tallest girls** in the group. 그녀는 그 그룹에서 가장 키가 큰 소녀 중 하나이다.

② 비교급이나 원급을 사용하지만 그 의미는 최상급을 나타내는 경우가 있다.

Soccer is the most popular sport in the world. 축구는 세계에서 가장 인기 있는 스포츠이다.
= Soccer is **more** popular **than any other sport** in the world.
= Soccer is **more** popular **than (all) the other sports** in the world.
= **No (other) sport** in the world is **more** popular **than** soccer.
= **No (other) sport** in the world is **as(so)** popular **as** soccer.

기본기 탄탄 다지기

1 다음 괄호 안에서 알맞은 것을 고르시오.

(1) Who is one of the most famous movie (star / stars) in the world?

(2) The producer made one of the (worst / worse) films ever.

(3) A cheetah can run faster than any other (animal / animals).

(4) A cheetah can run faster than all the other (animal / animals).

(5) Seoul is one of the biggest (cities / city) in the world.

(6) Nothing is so strong (as / than) a father's love.

▶비교급 + than any other + 단수 명사
= 비교급 + than (all) the other + 복수 명사
= No (other) + 단수 명사 + 비교급 + than ...
= No (other) + 단수 명사 + as(so) + 원급 + as ...

▶There is nothing + 비교급 + than
= Nothing is + 비교급 + than
There is nothing harder than diamonds.
= Nothing is harder than diamonds.

▶'몇 번째로 가장 ...한'은 'the + 서수 + 최상급'으로 나타낸다.
Steve is the third tallest boy of the six. Steve는 그 여섯 명 중에서 세 번째로 큰 소년이다.
Busan is the second largest city in Korea. 부산은 한국에서 2번째로 가장 큰 도시이다.

Unit 6 • 원급을 이용한 비교 표현

Preview

Alex is **as** *tall* **as** Jason. = Alex and Jason are the same height.
Alex는 Jason만큼 키가 크다.

① 원급 비교는 두 명의 사람이나 두 개의 사물을 두고 서로 같거나 비슷하다고 표현하는 말이다. 원급을 이용한 원급 비교는 'as + 형용사/부사의 원급 + as'로 나타내며 '~만큼 ....한'으로 해석한다.

She is **as** *tall* **as** her mother. 그녀는 그녀의 엄마만큼 키가 크다.

Can you speak English **as** *fluently* **as** that girl (does)? 너는 저 소녀만큼 유창하게 영어를 말할 수 있니?

② 원급을 이용한 주요 비교 구문

not as(so) + 형용사/부사 + as	~만큼 ...하지 않은	I **don't** play soccer **as(so)** *often* **as** you.
배수사 + as + 형용사/부사 + as	~의 몇 배로 ...한	This skirt is **three times as** *big* **as** that one.
as + 부사 + as + 주어 + can = as + 부사 + as possible	가능한 ~한/하게	Scott came **as** *quickly* **as he could**. = Scott came **as** *quickly* **as possible**.

기본기 탄탄 다지기

1 우리말에 맞도록 빈칸에 알맞은 표현을 쓰시오.

(1) 그 건물은 이 건물보다 두 배는 더 커. (twice, big)

➡ The building is _____ this.

(2) 가능한 빨리 제 사무실로 와 주시겠어요? (soon)

➡ Would you come to my office _____ you can?

(3) 네 컴퓨터가 내 것보다 세 배는 더 빠르다. (three times, fast)

➡ Your computer is _____ mine.

(4) 이 스마트폰은 내가 생각한 것만큼 비싸지 않다. (expensive)

➡ This smartphone is _____ I expected.

▶ 원급 비교의 부정은 '비교급 + than'으로 바꾸어 쓸 수 있다.

Kevin **isn't as(so)** old as me.
= Kevin is **younger than** me.
= I am **older than** Kevin.

1 다음 보기와 같이 주어진 빈칸에 최상급을 이용하여 문장을 완성하시오.

> That Talk Show is really boring.
> ➡ It is _____the most boring_____ Talk Show I've ever seen.

(1) It's a very expensive family restaurant. It's _____
   in our town.

(2) She's a very lazy student. She is _____ in the class.

(3) It's a very exciting novel. It's _____ I've ever read.

(4) It is a very large house. It is _____ in the village.

(5) This is a very cheap ring. This is _____ I've ever bought.

2 다음 보기와 같이 'one of + 최상급'을 이용하여 문장을 완성하시오.

> a beautiful city in the world
> ➡ Seoul is one of the most beautiful cities in the world _____ .

(1) a tall building in Korea

   ➡ The 63 building is _____ .

(2) a successful rock band in the world

   ➡ The Beatles was _____ .

(3) a serious problem in Korea

   ➡ Yellow dust is _____ .

3 다음 보기와 같이 주어진 문장을 as ~ as 또는 not as(so) ~ as를 이용하여 한 문장으로 만드시오.

> A river isn't big. An ocean is very big.
> ➡ A river is not as(so) big as an ocean _____ .

(1) She works fast. A machine works fast.

   ➡ She _____ .

(2) My teacher isn't old. My father is old.

   ➡ My teacher _____ .

4 다음 주어진 문장을 괄호 안의 지시대로 고쳐 쓰시오.

(1) Lionel Mesi is the richest man in the world. (비교급 + than any other + 단수 명사)

➡ _____

(2) Tae-hee Kim is the most attractive actress in Korea. (No other ~ as + 원급 + as)

➡ _____

(3) The church is the oldest building in the town. (비교급 + than the other + 복수 명사)

➡ _____

5 다음 보기와 같이 알맞은 주어를 골라 최상급을 이용한 문장으로 완성하시오.

poisonous / snake / world	rattle-snake?	boa?	Python?

➡ I think the rattle-snake is the most poisonous snake in the world. _____

(1) large / country / world | China? | Russia? | Canada? |

➡ _____

(2) fast / animal / world | zebra? | cheetah? | tiger? |

➡ _____

(3) popular / sport / Australia | soccer? | cricket? | baseball? |

➡ _____

6 다음 보기와 같이 'as ... as + 주어 + can'을 이용하여 문장을 완성하시오.

get up / early	➡ Get up as early as you can.

(1) study / hard   ➡ _____

(2) come to school / early   ➡ _____

(3) read the instructions / carefully   ➡ _____

(4) answer the questions / well   ➡ _____

Oral Test

Challenge 1 최상급은 언제 사용하는가?

최상급은 셋 이상의 명사를 비교할 때 쓴다. 형용사/부사에 [   ] 또는 [   ]를 붙여 만든다. 최상급 뒤에는 비교 범위를 정해주는 전치사 [   ]이나 [   ]가 함께 온다.

What's **the highest** mountain **in** Korea? 한국에서 가장 높은 산은 무엇이니?

She is **the funniest** girl **of** all the children. 그녀는 모든 아이들 중에서 가장 재미있는 소녀이다.

Today is **the coldest** day **of** the year. 오늘은 일 년 중에서 가장 추운 날이다.

Challenge 2 최상급을 이용한 다른 표현들도 알고 있는가?

(1) '가장 ~한 것 중의 하나'라는 의미로 'one of the + [   ] + [   ]'를 쓴다.

The Taj Mahal is **one of the most beautiful buildings** in the world.
타지마할은 세계에서 가장 아름다운 건물 중 하나이다.

Andre Kim was **one of the most famous fashion designers** in the world.
앙드레 김은 세계에서 가장 유명한 패션 디자이너 중 한 명이었다.

(2) 비교급이나 원급을 사용하여 최상급의 의미를 나타낼 수 있다.

Jejudo is the cleanest city in Korea. 제주도는 한국에서 가장 깨끗한 도시이다.

= Jejudo is cleaner than any other [   ] in Korea.

= Jejudo is cleaner than the other [   ] in Korea.

= No (other) city in Korea is cleaner [   ] Jejudo.

= No (other) city in Korea is as [   ] [   ] Jejudo.

Challenge 3 원급 비교가 무엇인가?

비교급은 둘 중 어느 하나가 더 크거나, 더 작거나 등을 비교하지만 원급 비교는 두 명의 사람이나 사물을 두고 서로 같거나 비슷하다고 표현하는 말이다. 원급 비교는 '[   ] + 형용사/부사의 원급 + [   ]'로 쓴다.

The population of Tokyo is **twice as** *large* **as** that of our city. 도쿄의 인구는 우리 도시의 인구의 2배이다.

She spoke **as** *slowly* **as** she **can**. 그녀는 가능한 한 천천히 말했다.

Kelly is**n't as** *smart* **as** she looks. Kelly는 보기만큼 똑똑하지 않다.

[1-2] 다음 빈칸에 들어갈 말이 바르게 짝지어진 것은?

1

> Because she was afraid, she walked
> _____.
> (무서웠기 때문에 그녀는 점점 더 빨리 걸었다.)

① more and more   ② much and faster
③ more faster   ④ slowly and slowly
⑤ faster and faster

2

> The _____ we got to the fire, the
> _____ we felt.
> (우리가 불에 더 가까이 갈수록, 따뜻함을 느꼈다.)

① closer - warmer   ② more - much
③ warmer - closer   ④ better - best
⑤ closest - warmest

3 다음 짝지어진 문장의 의미가 <u>다른</u> 것은?

① Nothing is more lovely than my kitten.
= There's nothing more lovely than my
  kitten.
② No other bridge in Korea is as long as
the Incheon bridge.
= The Incheon bridge is the longest
  bridge in Korea.
③ The post office was nearer than I
thought.
= The post office was as far as I thought.
④ I studied one hour, and he studied three
hours.
= He studied three times as much as me.
⑤ The movie was not so sad as I expected.
= The movie was less sad than I
  expected.

4 다음 밑줄 친 부분과 같은 의미의 문장을 만들 때, 빈칸에 들어갈 알맞은 말은?

> A: What was so great about him?
> B: No one in the world can swim faster
> than him.
> (= He is _____ swimmer in the
> world.)

① fast   ② faster   ③ the fastest
④ slower   ⑤ the slowest

5 다음 밑줄 친 우리말을 영어로 알맞게 표현한 것은?

> In my dream, I saw a balloon which was
> _____.
> 집만큼 큰(집채만 한)

① like a house as big   ② as big as a house
③ as a house like big   ④ as a house as big
⑤ as big a house as

[6-7] 두 문장의 의미가 같도록 빈칸에 알맞은 말을 쓰시오.

6

> There's nothing I like more than playing
> soccer.
> = I like playing soccer more than
> _____ _____ sport.

7

> As the size of cell phones becomes
> smaller, the prices get higher.
> = _____ the size of cell
> phones becomes, _____
> the prices get.

24

8 다음 주어진 문장의 의미가 <u>다른</u> 하나는?

① Seoul is the largest city in Korea.

② No city in Korea is as large as Seoul.

③ No city in Korea is larger than Seoul.

④ Seoul is larger than any other city in Korea.

⑤ Seoul is not so large as all the other cities in Korea.

9 다음 지문을 읽고 빈칸에 들어갈 공통의 단어를 찾으시오.

Some people love to come to L.A. because _____ is more exciting than Disneyland. Others like to visit Seoul because _____ is more attractive than old palaces.

① L.A.   ② all   ③ everyone

④ Seoul   ⑤ no other thing

10 다음 표의 내용과 <u>맞지 않는</u> 것은?

Name	Height(cm)
Peter	165
Nancy	170
Eric	180
Jessica	165

① Nancy is taller than Jessica.

② Eric is the tallest of the four.

③ Jessica is as tall as Peter.

④ Nancy isn't as tall as Peter.

⑤ Peter is shorter than Eric.

11 다음 밑줄 친 부분이 <u>틀린</u> 것을 고르시오.

① She shouts <u>as loudly as she can</u>.

② He didn't run <u>as fast as he can</u>.

③ You can take <u>as much as you can</u>.

④ Mary cried for help <u>as loudly as she could</u>.

⑤ Bob ate <u>as much as possible</u>.

12 두 문장의 뜻이 같도록 빈칸에 알맞은 것을 고르시오.

I can speak English more fluently than Susan can.

= Susan can _____ speak English _____ fluently as I can.

① not - as   ② so - as   ③ as - not

④ not - to   ⑤ not - than

13 다음 빈칸에 들어갈 말로 알맞지 <u>않은</u> 것은?

It took me a lot longer to get over my cold than it took you to get over your cold. My cold was _____ worse than yours.

① much   ② a lot   ③ even

④ very   ⑤ far

서술형 대비 문제

1 다음 주어진 문장이 모두 같은 뜻이 되도록 빈칸에 알맞은 말을 쓰시오.

Scuba diving is the most exciting sport I've ever experienced.

= Scuba diving is _____ exciting than any other sport I've ever experienced.

= _____ other sport is _____ exciting as scuba diving.

= There is _____ more exciting than scuba diving.

2 주어진 문장을 읽고 빈칸에 알맞은 표현을 쓰시오.

If a knife is sharp, it is easy to cut something with.

➡ _____ a knife is, _____ it is to cut something with.

[3-4] 다음 사진과 주어진 표현을 이용하여 비교급 문장을 완성하시오.

3

the plane / slow / the train

➡ _____

4

the city / quiet / the village

➡ _____

나를 잊지 말아요!

One of her poems ⓐ <u>begins</u>, "I'm Nobody! Who are you?" During her lifetime, she may really have felt ⓑ <u>like</u> a nobody, for few people knew her outside of her small hometown. But this quiet-living woman became one of America's best-loved ⓒ <u>poet</u> after her death. No one is really sure when she started to write poetry. She tried ⓓ <u>to get</u> her poems published, but newspapers didn't want them. Finally, two ⓔ <u>were published</u> in a newspaper, but the editor changed them and wouldn't even use her name.

1 주인공에 관한 설명이 본문의 내용과 다른 것은?

① 작품을 쓰기 시작한 연대가 분명하지 않다.

② 자신의 시를 신문에 많이 발표했다.

③ 편집자가 시의 내용을 바꾸었다.

④ 사후에 유명한 시인이 되었다.

⑤ 작은 고향 마을에서 조용히 살았다.

2 위 글에서 밑줄 친 ⓐ~ⓔ중 어법이 틀린 것은?

① ⓐ   ② ⓑ   ③ ⓒ   ④ ⓓ   ⑤ ⓔ

Super Speaking

Pair work
A 보기와 같이 원급과 비교급을 이용하여 묻고 답하는 형식으로 말하기 연습을 하세요. 연습이 한 번 끝난 후 서로 역할을 바꿔 다시 말하기 연습을 하세요.

watching TV
/ interesting
/ reading

I think watching TV is more interesting than reading. What do you think?

A

I think watching TV isn't as interesting as reading.

B

1

cycling / exciting
/ swimming

2

doing homework
/ boring
/ washing the car

Pair work
B 보기와 같이 최상급을 이용하여 말하기 연습을 하세요. 연습이 한 번 끝난 후 서로 역할을 바꿔 다시 말하기 연습을 하세요.

big problem
/ in Korea / ?

➡ crime

In your opinion, what is one of the biggest problems in Korea?

A

I think crime is one of the biggest problems in Korea.

B

1

famous landmark
/ in France / ?

➡ the Eiffel Tower

2

beautiful place
/ in the world / ?

➡ Venice

실전 서술형 평가 문제

출제의도 | 최상급을 이용한 문장 완성하기

평가내용 | 최상급

| 서술형 유형 | 10점 |
| 난이도 | 중상 |

 A 보기와 같이 아래 표현에서 알맞은 것을 골라 최상급 문장을 영작하시오.

| Alaska
the Sun
Mt. Halla
China
Yao Ming
the Amazon River | high
large
long
tall | state
planet
river
basketball player | country
mountain | the USA
Brazil
China | South Korea
our solar system
Asia |

보기 Alaska is the largest state in the USA.

<Answers will vary.>

1 _____

2 _____

3 _____

4 _____

5 _____

평가영역	채점기준	배점
유창성(Fluency) & 정확성(Accuracy)	5개의 문항을 모두 올바른 표현과 함께 정확하게 완성한 경우 (문법, 철자가 모두 정확한 경우)	5×2 = 10점
	최상급을 만들지 못하였거나 문법, 철자가 1개씩 틀린 경우	문항당 1점씩 감점
	내용과 전혀 일치하지 않거나 답을 기재하지 못한 경우	0점

출제의도 | 주어진 정보를 이용하여 비교하는 문장 만들기
평가내용 | 원급, 비교급, 최상급

서술형 유형	12점
난이도	중

 B 보기와 같이 세 명의 소녀들을 비교하여 원급, 비교급, 최상급을 이용한 문장을 완성하시오.

Alice	Jenny	Ava
12 years old 140cm 30kg	15 years old 160cm 50kg	15 years old 165cm 45kg

보기	Ava / tall girl / of the three	➡ Ava is the tallest girl of the three.
	Alice / short / Jenny	➡ Alice is shorter than Jenny.

1 Jenny / old / Ava   ➡ _____

2 Alice / short girl / of the three   ➡ _____

3 Jenny / heavy girl / of the three   ➡ _____

4 Ava / heavy / Alice   ➡ _____

5 Ava / tall / Jenny   ➡ _____

6 Alice / young girl / of the three   ➡ _____

평가영역	채점기준	배점
유창성(Fluency) & 정확성(Accuracy)	6개의 문항을 모두 올바른 표현과 함께 정확하게 완성한 경우 (문법, 철자가 모두 정확한 경우)	6×2 = 12점
	비교구문을 만들지 못하였거나 문법, 철자가 1개씩 틀린 경우	문항당 1점씩 감점
	내용과 전혀 일치하지 않거나 답을 기재하지 못한 경우	0점

실전 서술형 평가 문제

출제의도 | 주어진 정보를 이용하여 자신의 문장으로 영작하기

평가내용 | 최상급

서술형 유형	10점
난이도	중상

C 보기와 같이 주어진 표현을 이용하여 '최상급 ~형용사절'이 있는 자신의 문장을 영작하시오.

> **보기** beautiful / country / visit
> ➡ Costa Rico is the most beautiful country I have ever visited.
>
> tall / building / see
> ➡ The Empire State Building is the tallest building I have ever seen.

1 pretty / actress / see

➡ _____

2 difficult / subject / study

➡ _____

3 high / mountain / climb

➡ _____

4 bad / food / eat

➡ _____

5 good / athlete / see

➡ _____

평가영역	채점기준	배점
유창성(Fluency) & 정확성(Accuracy)	5개의 문항을 모두 올바른 표현과 함께 정확하게 완성한 경우 (문법, 철자가 모두 정확한 경우)	5×2 = 10점
	최상급 문장을 만들지 못하였거나 문법, 철자가 1개씩 틀린 경우	문항당 1점씩 감점
	내용과 전혀 일치하지 않거나 답을 기재하지 못한 경우	0점

MEMO

Chapter 8
관계사

Preview

I have **a friend**. + **He** lives in Mexico City.
➡ I have *a friend* **who** lives in Mexico City. 나는 멕시코시티에 살고 있는 친구가 하나 있다.

① 대명사(he, it, she..)는 명사를 대신하는 역할만 할 뿐 문장과 문장을 연결할 수 없다. 그래서 반복을 피하면서 문장도 연결할 수 있는 관계대명사 who, which, that이 탄생하게 되었다. 주격 관계대명사는 관계사절에서 주어 역할을 하고 선행사가 사람이면 who, 선행사가 사물이나 동물일 때는 which를 쓴다. who와 which는 that으로 바꾸어 쓸 수 있다. 주격 관계대명사는 생략할 수 없다.

Do you remember **the girl**? + **She** was very kind to me.
➡ Do you remember *the girl* **who(= that)** was very kind to me? 나한테 아주 잘 해주었던 여자 기억하지?

This is **a book**. + **It** is worth reading.
➡ This is *a book* **which(= that)** is worth reading. 이것은 읽어볼 만한 가치가 있는 책이다.

② 주격 관계대명사 who, which 뒤에는 바로 동사가 온다. 이 때 동사의 수는 who, which 바로 앞에 있는 명사(선행사)가 단수이면 단수 동사, 복수이면 복수 동사로 일치시킨다.

Do you know *the man* **who is** talking to Julia? Julia와 얘기하고 있는 그 남자를 아니?

I don't like *movies* **which have** unhappy endings. 나는 불행한 결말을 가진 영화들을 좋아하지 않는다.

기본기 탄탄 다지기

1 다음 괄호 안에서 알맞은 것을 고르시오.

(1) The man who (live / lives) next door is my uncle.

(2) A nurse is a person (which / who) looks after patients.

(3) Where is the girl (that / which) sent you the message?

(4) Paul works for a company (who / which) makes washing machines.

(5) I know the children who (is / are) eating next to Bob.

(6) I like houses that (have / has) a large backyard.

▶주격 관계대명사 who, which는 문장에서 명사를 대신하면서 다른 문장과 연결할 수 있는 능력이 있다. 이때 주어 자리에 있는 명사를 대신하면 주격 관계대명사라고 부른다.
who와 which를 that으로 바꾸어 쓸 수 있지만 일상영어에서는 who와 which를 더 자주 쓴다.

I met **a girl**. + **The girl** had a special talent for the piano.
동일한 명사 두 개가 중복되므로 주어 자리에 있는 the girl를 대명사로 처리한다.

Who had a special talent for the piano.
Who는 주어 자리에 있으므로 주격 관계대명사이다.
➡ I met *a girl* **who** had a special talent for the piano.

Preview

The strange girl was a ghost. + We met **the girl** yesterday.
➡ *The strange girl* **whom** we met yesterday was a ghost.
➡ *The strange girl* we met yesterday was a ghost. 우리가 어제 만났던 그 이상한 소녀는 귀신이었다.

Chapter 8

① 목적격 관계대명사는 문장에서 목적어를 대명사 처리하여 다른 문장과 연결할 때 쓴다. 대신할 목적어가 사람이면 whom, 사물이나 동물인 경우 which를 쓴다. 따라서 선행사도 whom일 때 사람이 오고, which일 때 선행사로 사물이나 동물이 있어야 한다. 둘 다 that으로 바꾸어 쓸 수 있다.

This is **a new 3D game**. + I bought **it** yesterday.
➡ This is *a new 3D game* **which** I bought yesterday
➡ This is *a new 3D game* I bought yesterday. 이것이 어제 내가 구입한 새 3D 게임이다.

② 목적어를 대신한 목적격 관계대명사는 생략하는 것이 더 자연스럽다. whom은 다소 형식을 갖춘 표현이므로 일상영어에서는 who를 더 많이 쓴다. 그러나 생략하는 것이 더 좋다.

The noise/he is making seems to annoy everybody. (which 생략)
그가 내는 소음은 모든 사람들을 짜증나게 하는 것 같다.

The woman/you saw was not the famous actress. (who 생략)
네가 본 그 여자는 유명한 여배우가 아니다.

기본기 탄탄 다지기

1 다음 빈칸에 whom과 which 중 알맞은 것을 쓰시오.

(1) Spend time with people _____ you trust.

(2) They don't like the pictures _____ I painted.

(3) Have you found the MP3 player _____ you lost?

2 다음 밑줄 친 부분이 생략 가능하면 O, 불가능하면 X라고 쓰시오.

(1) Is that the girl who you like? _____

(2) I saw a boy who was running in the park. _____

(3) A pilot is a person that flies airplanes. _____

(4) The vitamins which I take are expensive. _____

▶'주격 관계대명사 + be동사'는 생략하는 것이 가장 자연스럽다. 특히 be동사 뒤에 현재분사(V-ing) 또는 과거분사(V-ed)와 함께 쓰이는 경우 '주격 관계대명사 + be동사'를 생략해서 쓴다.

Look at the girls (who are) singing on the stage.
➡ Look at the girls singing on the stage. (more common)

I have a watch (which was) made in Korea.
➡ I have a watch made in Korea. (more common)

Unit 3 ● 소유격 관계대명사

The old man is my grandfather. + **His hair** *is gray.*
➡ The old man **whose hair** *is gray* is my grandfather. 머리가 백발인 그 노인이 내 할아버지이다.

1 소유격 관계대명사 whose는 '~의 명사'의 역할을 한다. 따라서 선행사가 whose 뒤의 명사와 소유 관계일 때 whose를 쓴다. his hair에서 소유격 his를 whose로 써서 whose hair로 쓰면서 문장과 문장을 연결할 수 있는 능력을 갖게 된다. whose 뒤에는 반드시 명사가 있으며 선행사가 사람이든 사물이든 모두 사용할 수 있다. whose는 생략할 수 없다.

I know a girl. Her father is a professor.
⬇
whose father

➡ I know a girl **whose father** is a professor. 나는 아빠가 교수인 소녀를 안다.

I want a car. Its roof can be opened.
⬇
whose roof

I want a car **whose roof** can be opened. 나는 차의 지붕이 열리는 차를 원한다.

cf. 선행사가 사물일 경우 of which로 바꿔 쓸 수 있으나, 일상 영어에서는 거의 쓰이지 않는다.

기본기 탄탄 다지기

1 다음 괄호 안에서 알맞은 것을 고르시오.

(1) The woman (who / whose) car was stolen called the police.

(2) I know a girl (who / whose) sister is a movie star.

(3) We will meet the couples (who / whose) have just got married.

(4) Mr. Baker has a daughter (that / whose) name is Julie.

(5) There are many words (which / whose) meanings I don't know.

(6) This is the car the price of (which / whose) is very high.

(7) This is the book (whose / which) I have written recently.

▶소유격 관계대명사 whose와 of which는 주로 딱딱한 문어체에서 자주 쓰이며 일상 영어에서는 with를 사용하여 소유를 나타내는 간단한 문장으로 쓴다.

I found a house **whose** walls were white. ➡ 문어체
I found a house **of which** walls were white. ➡ 문어체
I found a house **with** white walls. ➡ 자연스러운 표현

▶of which가 소유격으로 쓰일 때는 'of which + the + 명사' 또는 'the + 명사 + of which'의 형태가 모두 쓰인다.

Lend me the books **whose** cover is hard.
Lend me the books **of which** the cover is hard.
Lend me the books **the** cover of **which** is hard.

서술형 기초 다지기 ❶

1 다음 보기와 같이 주어진 표현을 골라 주격 관계대명사를 이용한 문장을 완성하시오.

cuts men's hair	serves people in a restaurant	repairs cars
trains athletes	looks after teeth	works in a bank
helps ill people	writes for a newspaper	

➡ A mechanic is a person who(that) <u>repairs cars</u>   .

(1) A barber _____ .

(2) A doctor _____ .

(3) A coach _____ .

(4) A waiter _____ .

(5) A journalist _____ .

(6) A dentist _____ .

(7) An accountant _____ .

2 보기와 같이 주어진 다음 두 문장을 관계대명사 whose를 이용하여 한 문장으로 만드시오.

I know a boy. + His sister is a professional wrestler.
➡ I know a boy whose sister is a professional wrestler. _____

(1) We met a woman. + Her dream is to start a business.

   ➡ _____

(2) She's going to buy a dress. + Its color is very beautiful.

   ➡ _____

(3) The man called the police. + His wallet was stolen.

   ➡ _____

3 보기와 같이 주어진 다음 두 문장을 목적격 관계대명사를 이용하여 한 문장으로 쓰시오.

> The woman is a professor of music. You met her.
> ➡ The woman who(m) you met is a professor of music.

(1) The girls were very lovely. We met them at the party.

➡ _____

(2) The magazine was interesting. I read it on the plane.

➡ _____

(3) All of the people can come to the meeting on Monday. I called them yesterday.

➡ _____

4 다음 보기와 같이 관계대명사가 쓰인 각 문장에 관계사절(형용사절)에 밑줄을 긋고 두 문장으로 나누어 쓰시오.

> The people who live next to me are friendly.
> ➡ The people are friendly. _____ / They live next to me.

(1) Have you found the keys which you lost?

➡ _____ / _____

(2) The woman whom you met last week lives in Seoul.

➡ _____ / _____

(3) This book is about a girl who became a successful figure skater.

➡ _____ / _____

Oral Test

Challenge 1 주격 관계대명사의 쓰임을 알고 있는가?

(1) 주격 관계대명사는 관계사절에서 [   ] 역할을 한다. 선행사가 사람이면 [   ], 사물이나 동물이면 [   ]를 쓴다. 주격 관계대명사는 생략할 수 없고, [   ]으로 바꾸어 쓸 수 있다.

I know the *girl* **who(that)** likes you. 나는 너를 좋아하는 소녀를 안다.

The *buildings* **which(that)** were built illegally will be torn down. 불법으로 지어진 건물들은 철거될 것이다.

(2) 주격 관계대명사가 주어 역할을 하므로 관계대명사 뒤에는 바로 동사가 온다. 이때 동사의 수는 [   ]에 일치시킨다.

I know *the woman* **who is** in front of the door. 나는 문 앞에 있는 그 여자를 안다.

I know *the women* **who are** in front of the door. 나는 문 앞에 있는 그 여자들을 안다.

Challenge 2 목적격 관계대명사의 쓰임을 알고 있는가?

목적격 관계대명사는 대신할 목적어가 사람이면 [   ], 사물이나 동물은 [   ]를 쓴다. 둘 다 that으로 바꾸어 쓸 수 있고, 목적격 관계대명사는 [   ]하는 것이 자연스럽다.

The *woman* **who(m)** I saw yesterday was very humorous. 내가 어제 본 그 여자는 매우 재미있었다.

The *movie* **which** we saw last night wasn't very good. 우리가 어젯밤 본 그 영화는 별로였다.

Challenge 3 소유격 관계대명사는 언제 사용하는가?

소유격 관계대명사 whose는 선행사가 사람, 사물, 동물에 모두 쓸 수 있고 소유격인 [   ] 대신에 쓴다. whose는 생략할 수 없다.

Brian loves the *girl* **whose hair** is very long. Brian은 머리가 아주 긴 그 소녀를 사랑한다.

She's married to the *man* **whose nose** is enormous. 그녀는 코가 매우 큰 남자와 결혼했다.

Unit 4 • 전치사 + 관계대명사

My brother met **a woman**. + I used to work **with her**.
➡ My brother met a woman **who(m)/that** I used to work **with**.
= My brother met a woman **with whom** I used to work.
= My brother met a woman I used to work **with**. 내 형은 내가 예전에 함께 일했던 여자를 만났다.

1 전치사의 목적어인 명사를 관계대명사로 만들 경우 (대)명사가 사람인 경우 who(m)를 쓰고, 사물이나 동물인 경우 which를 쓴다. 따라서 선행사도 who(m) 앞에는 사람, which 앞에는 사물이나 동물이 온다. 전치사는 관계대명사의 앞이나 관계대명사절의 끝에 쓸 수 있는데, 전치사를 끝에 쓰고 관계대명사를 생략하는 것이 가장 자연스럽다.

The job is well paid. She applied **for** it.

➡ The job **which** she applied **for** is well paid. → 전치사의 목적어인 it을 관계대명사 which로 고침
= The job **that** she applied **for** is well paid. → 전치사를 뒤로 보낼 때만 that 사용 가능
= The job **for which** she applied is well paid. → 전치사가 관계대명사 앞에 쓰인 경우 that 사용 불가능
= The job she applied **for** is well paid. → 전치사를 뒤로 보낼 때만 관계대명사 생략 가능
그녀가 지원한 그 일은 보수가 좋다.

Do you know the girl? Eric is talking **to** her.

➡ Do you know the girl **who(m)** Eric is talking **to**? → 전치사의 목적어인 her를 관계대명사 who(m)로 고침
= Do you know the girl **that** Eric is talking **to**? → 전치사를 뒤로 보낼 때만 that 사용 가능
= Do you know the girl **to whom** Eric is talking? → 전치사가 관계대명사 앞에 쓰인 경우 that/who 사용 불가능
= Do you know the girl Eric is talking **to**? → 전치사를 뒤로 보낼 때만 관계대명사 생략 가능
Eric이 이야기하고 있는 그 소녀를 아니?

기본기 탄탄 다지기

1 다음 괄호 안에서 알맞은 것을 고르시오.

(1) The K-pop music (which / to which) we listened was good.

(2) Korean is the subject (in that / in which) I'm interested.

(3) The dress (to which / which) Jane bought doesn't fit her well.

(4) A pen is something you write (on / with).

▶ '전치사 + 관계대명사'를 함께 쓸 경우 who 또는 that으로 바꿔 쓸 수 없고 관계대명사를 생략할 수도 없다. 목적격 관계대명사를 생략하기 위해서는 반드시 전치사를 관계사(형용사)절 끝으로 보내야 한다.

Unit 5 • 관계대명사 what

Chapter 8

Preview

The thing which(that) you really need is self-confidence.
= **What** you really need is self-confidence. 네가 정말로 필요한 것은 자신감이다.

1 what은 선행사 the thing(s)와 관계대명사 which/that을 한 단어로 쓴 것이다. 따라서 what은 선행사를 포함하고 있으므로 what 앞에는 선행사인 명사를 쓰지 않는다. what은 명사절을 이끌며 '~하는 것'으로 해석한다.

What I don't understand is the first topic. 내가 이해하지 못한 것은 첫 번째 주제이다.
= **The thing which/that** I don't understand is the first topic.

The old woman donates **what** she earns. 그 노부인은 그녀가 번 것을 기부한다.
= The old woman donates **the things which/that** she earns.

We can't believe **what** we saw and heard. 우리는 우리가 보고 들은 것을 믿을 수 없다.
= We can't believe **the thing which/that** we saw and heard.

Ice hockey is **what** I like to play the most. 아이스하키는 내가 가장 하기 좋아하는 것이다.
= Ice hockey is **the thing which/that** I like to play the most.

2 단어나 구를 강조하기 위해 관계대명사 what을 이용하기도 한다.

I need your advice. ➡ **What I need** is your advice. → your advice 강조
나는 너의 충고가 필요해. 내가 필요한 것은 너의 충고이다.

I want to adopt a baby. ➡ **What I want to do** is adopt a baby. → adopt a baby 강조
나는 아이를 입양하길 원한다. 내가 하고 싶은 것은 아이를 입양하는 것이다.

기본기 탄탄 다지기

1 다음 괄호 안에서 알맞은 것을 고르시오.

(1) This ring is (that / what) I was looking for yesterday.

(2) She didn't tell anyone (what / which) she fantasized.

(3) The people (who / what) worked there were very nice to us.

(4) The ideas (what / which) are presented in that book are good.

(5) The students didn't understand (which / what) the teacher explained
to them.

▶관계대명사 what의 관용적 표현

He is, **what is called**, a genius. (소위, 말하자면)
What is better, Cindy recovered from her injury. (더욱 좋은 것은)
What is worse, John's house burned down. (더욱 나쁜 것은)
Reading is to the mind **what** food is to the body. (A is to B what C is to D: A와 B의 관계는 C와 D의 관계와 같다)

Unit 6 ● 관계대명사의 계속적 용법

Preview

Mt. Halla, **which** *is in Jejudo* is the highest mountain in South Korea.
한라산, 그런데 그것은 제주도에 있는데 한국에서 가장 높은 산이다.

① 계속적 용법은 관계대명사 앞에 comma(,)가 있어 선행사에 대해 부가적인 설명을 덧붙일 때 사용한다. 이때 관계대명사는 '접속사(and, but, for) + 대명사'로 나타낼 수 있다.

한정(제한)적 용법	계속적 용법
I saw a woman **who** was wearing sneakers. 나는 운동화를 신고 있던 한 여자를 봤다. 형용사절로 선행사인 명사를 특정한 것으로 한정하여 아무 여자가 아닌 운동화를 신고 있는 여자로 한정. 형용사(관계사)절이 제공하는 정보는 필수적인 내용이다.	I saw a woman, **who** was wearing sneakers. 나는 한 여자를 보았는데, 그녀는 운동화를 신고 있었다. 선행사가 어떤 명사인지 이미 알고 있는 상황에서 형용사절을 이용해 선행사에 대한 부가적인 설명. 형용사절이 제공하는 정보는 추가적인 설명으로 상황을 이해하는 데 좀 더 도움을 준다.
She works for a company **that** makes computers. 그녀는 컴퓨터를 만드는 회사에 근무한다. 형용사절의 수식을 받는 선행사(명사)를 아주 구체적으로 설명해 주어 '어떤 회사인지'를 한정해 주는 필수적인 내용이다.	She told me about her job, **which** she's enjoying very much. 그녀는 내게 그녀의 직업에 대해 말했는데, 그런데 그녀는 그것을 매우 즐기고 있다. 듣는 사람이 이미 어떤 직업인지를 알고 있고 '그 일을 즐긴다'라는 추가적인 정보를 주어 대화를 활기차게 이끌어 간다.

기본기 탄탄 다지기

1 빈칸에 who 와 which 중 알맞은 것을 쓰시오.

(1) We will hire the man, for he is diligent.

➡ We will hire the man, _____ is diligent.

(2) I met Bob, but he didn't tell me the news.

➡ I met Bob, _____ didn't tell me the news.

(3) The ugly man got married, and it surprised us.

➡ The ugly man got married, _____ surprised us.

(4) My grandfather does a lot of walking, and it keeps him healthy.

➡ My grandfather does a lot of walking, _____ keeps him healthy.

▶계속적 용법의 관계대명사는 '접속사 + 대명사'로 바꿀 수 있다.

I like this show, **which** is very exciting.
= I like this show, **for it** is very exciting.
She had two daughters, **who** became pro wrestlers.
= She had two daughters, **and they** became pro wrestlers.

▶관계대명사 that과 what은 계속적 용법으로 쓸 수 없다.

This is the gentleman, **who** saved my life. (O)
This is the gentleman, **that** saved my life. (X)

서술형 기초 다지기 ❷

1 다음 보기와 같이 주어진 두 문장을 관계대명사를 이용하여 가능한 모든 형태의 한 문장으로 만들어 보시오.

> The people have all been arrested. She worked with them.
> ➡ The people who(m) she worked with have all been arrested.
> ➡ The people that she worked with have all been arrested.
> ➡ The people with whom she worked have all been arrested.
> ➡ The people she worked with have all been arrested.

(1) This is the book. I have been looking for it.

➡ _____

➡ _____

➡ _____

➡ _____

(2) The woman was interesting. I was talking to her.

➡ _____

➡ _____

➡ _____

➡ _____

2 우리말과 일치하도록 괄호 안의 단어들을 바르게 배열하시오.

(1) 나는 내가 하고 싶은 것을 했다. (I, what, to, wanted, do)

➡ I did _____.

(2) 나는 그들이 내게 했던 것을 기억하고 싶지 않다. (me, they, what, to, did)

➡ I don't want to remember _____.

(3) 어젯밤 발생한 일은 정말 충격적이었다. (last, happened, night, what)

➡ _____ was really shocking.

(4) 우리는 우리가 필요한 것을 가지고 있다. (need, what, we)

➡ We have _____.

3 다음 보기와 같이 두 문장의 뜻이 같도록 관계사를 이용하여 빈칸에 알맞은 말을 쓰시오.

> She refused to do it, and it made me angry.
> ➡ She refused to do it, which made me angry .

(1) We saw a woman, and she was bleeding on her face.

➡ We saw a woman, _____ .

(2) Ava passed the test, but it surprised everyone.

➡ Ava passed the test, _____ .

(3) My brother Jim is a doctor, and he lives in London.

➡ My brother Jim, _____ .

4 다음 보기와 같이 관계대명사가 쓰인 각 문장을 두 문장으로 나누어 쓰시오.

> The bus which we were waiting for was an hour late.
> ➡ The bus was an hour late. / We were waiting for it.

(1) Psychology is one of the subjects I am very interested in.

➡ _____ / _____

(2) I enjoyed the CD to which we listened at Susan's apartment.

➡ _____ / _____

5 다음 보기와 같이 관계대명사 what을 이용하여 밑줄 친 부분을 강조하는 문장으로 만드시오.

> I need your love.
> ➡ What I need is your love.

He's looking for newspapers that report an important part of history.

➡ _____

Oral Test

Challenge 1 전치사와 함께 쓰이는 관계대명사의 쓰임을 알고 있는가?

관계대명사가 전치사의 목적어가 되어 (대)명사를 대신하는 경우 (대)명사가 사람인 경우 [   ]을 쓰고 사물이나 동물인 경우 [   ]를 쓴다. 전치사는 관계대명사 앞이나 관계대명사절의 끝에 올 수 있다. 전치사가 관계대명사 앞에 쓰인 경우 관계대명사 [   ]이나 [   ]는 쓸 수 없다.

The man **to whom** Jack is talking is his uncle. Jack이 얘기하고 있는 그 남자는 그의 삼촌이다.

Look at the beautiful house **that** I used to live **in**. 내가 예전에 살았던 저 아름다운 집을 봐라.

Challenge 2 what은 문장에서 어떤 역할을 하는가?

관계대명사 what은 'the thing(s) + which(that)'을 한 단어로 쓴 것으로, the thing(s)라는 명사가 포함되어 있으므로 what 앞에 다른 명사, 즉, [   ]를 갖지 않는다. 명사절을 이끌어 문장에서 주어, 목적어, 보어 역할을 한다.

What you said is not true. 네가 말한 것은 사실이 아니다.
= **The thing which(that)** you said is not true.

Challenge 3 계속적 용법과 한정적 용법의 차이를 알고 있는가?

계속적 용법은 관계대명사절이 선행사에 대해 [   ]적인 설명을 할 때 사용한다. 선행사 뒤에는 콤마(,)를 쓰고 '[   ] + [   ]'로 바꿔 쓸 수 있다. 단, 관계대명사 [   ]과 [   ]은 계속적 용법으로 쓸 수 없다.

Jason works for a company, **which** makes furniture. Jason은 회사에서 일을 하는데 그것은 가구를 만드는 회사이다.
= Jason works for a company, **and it** makes furniture.

His mother, **who** loved her son forgave everything. 그의 어머니는 자신의 아들을 사랑하기 때문에 모든 것을 용서했다.
= His mother, **for she** loved her son forgave everything.

Unit 7 ● 관계부사 where, when

I stayed **at the hotel**. + You had stayed **at the hotel** two years ago.
                                           부사구를 where로 고침

➡ I stayed at the hotel **where** *you had stayed two years ago.*
  나는 네가 2년 전에 머물렀던 그 호텔에 머물렀다.

1 관계부사 where는 장소를 나타내는 부사나 부사구를 대신하고 when은 시간을 나타내는 부사나 부사구를 대신한다. 부사구 '전치사 + 명사'에서 명사만 대명사 처리할 경우 당연히 which를 써야 한다. which를 생략해서 쓸 경우 when은 전치사를 쓰지 않지만 where는 전치사를 생략할 수 없다.

선행사의 종류	관계부사	전치사 + 관계대명사(= 관계부사)
장소(the place, the house..)	where	at(on, in) + which
시간(the time, the year..)	when	at(on, in) + which

This is **the town**. I was born **in the town(= there)**.
➡ This is the town **where(that)** I was born. 이곳이 내가 태어난 마을이다.
➡ This is the town **in which** I was born. (that 사용 불가능)
➡ This is the town **which(that)** I was born **in**. (전치사가 뒤로 갈 때만 that 사용 가능)
➡ This is the town I was born **in**. (전치사 in 생략 불가능)

Don't forget **the time**. We first met **at the time(= then)**.
➡ Don't forget the time **when(that)** we first met. 우리가 처음 만났던 그때를 잊지 마세요.
➡ Don't forget the time **at which** we first met. (that 사용 불가능)
➡ Don't forget the time **which(that)** we first met **at**. (전치사가 뒤로 갈 때만 that 사용 가능)
➡ Don't forget the time we first met. (전치사 at은 쓰지 않음)

기본기 탄탄 다지기

1 다음 괄호 안에서 알맞은 것을 고르시오.

(1) That's the restaurant (when / where) we met for the first time.

(2) I don't know the day (on which / where) he came.

(3) Do you know a shop (where / when) I can buy used laptops?

(4) July and August are the months (when / where) most people go on holiday.

(5) 1988 was the year (when / which) the Seoul Olympic Games were held on.

used a. 중고의
go on holiday 휴가 가다
be held 개최되다

Unit 8 • 관계부사 why, how

Tell me **the reason**. + She has got angry **for that reason**.
부사구를 why로 고침

➡ Tell me the reason **why** *she has got angry*.
그녀가 화난 이유를 말해줘.

① 관계부사 why는 이유(reason)를 나타내는 부사(구)를 대신하고 how는 방법(way)을 나타내는 부사(구)를 대신한다. how는 선행사 the way와 함께 쓰지 못하고 the way 또는 how만 각각 따로 쓰거나 같이 쓸 경우에는 how 대신 that을 쓴 the way that으로 써야 한다. 부사구 '전치사 + 명사에서 명사만 대명사 처리할 경우 당연히 which를 쓴다. which를 생략할 경우 전치사를 쓰지 않는다.

선행사의 종류	관계부사	전치사 + 관계대명사(= 관계부사)
이유(the reason)	why	for + which
방법(the way)	how	in + which

Do you know **the reason**? + He came here **for the reason**.
➡ Do you know the reason **why(that)** he came here? 그가 여기에 온 이유를 아니?
➡ Do you know the reason **for which** he came here?
➡ Do you know the reason **which(that)** he came here **for**?
➡ Do you know the reason he came here?

She showed me **the way**. + She had opened it **in the way**.
➡ She showed me the way **in which** she had opened it. 그녀는 그것을 연 방법을 내게 보여주었다.
➡ She showed me **the way** she had opened it. (the way는 how와 함께 쓰지 못함)
➡ She showed me **how** she had opened it. (the way는 how와 함께 쓰지 못함)
➡ She showed me **the way that** she had opened it.

기본기 탄탄 다지기

1 다음 괄호 안의 관계사 중 알맞은 것을 고르시오.

(1) Can you tell me the reason (how / why) Paul didn't come today?

(2) Do you know the reason (why / when) so many people in the world learn English?

(3) Do you know the way (X / how) she solved the problem?

(4) That is (the way how / how) I went there.

Unit 9 • 관계부사의 독특한 특징

Please let me know **the date when** she will return. 그녀가 돌아올 날짜를 제게 알려주세요.
= Please let me know **when** she will return.
= Please let me know **the date** she will return.

1 관계부사는 선행사인 명사(장소, 시간, 이유, 방법)를 생략할 수도 있고 관계부사 자체를 생략해서 쓸 수도 있다. 특히, 관계부사가 생략되면 '명사 + 명사'가 연이어 나와 목적격 관계대명사가 생략된 문장과 혼동될 수 있다.

Edinburgh is **the town**V**Graham Bell** *was born*. (관계부사 where 생략)
에든버러는 Graham Bell이 태어난 도시이다.

The storyV *I read last night* was very horrible. (목적격 관계대명사 which 생략)
내가 어젯밤에 읽었던 그 이야기는 매우 무서웠다.

2 목적격 관계대명사는 목적어를 대신하는 대명사이므로 관계사절 안에 타동사의 목적어 또는 전치사의 목적어가 반드시 빠져 있게 된다. 하지만 관계부사는 문장의 주요 요소가 아닌 부사나 부사구를 대신하므로 관계부사절 내의 문장은 '주어 + 자동사', '주어 + 타동사 + 목적어', '전치사 + (대)명사'가 완벽하게 존재하게 된다.

The high school V**she attended** is in Seoul. 그녀가 다녔던 그 고등학교는 서울에 있다.
➡ 타동사 attended의 목적어가 없으므로 목적격 관계대명사 which나 that이 생략된 문장이다.

This is the office V**my father works**. 이곳이 내 아버지가 일하시는 사무실이다.
➡ '주어 + 자동사'로 구성되어 목적어가 필요 없는 완전한 문장이다. 따라서 관계부사 where가 생략된 문장이다.

기본기 탄탄 다지기

1 관계사가 생략된 부분에 *V* 표시하고 무엇이 생략되었는지 쓰시오.

(1) The house Mozart was born is now a museum. ➡ _____ 생략

(2) I really enjoyed the show we saw last night. ➡ _____ 생략

(3) The girl we met in the restaurant was a ghost. ➡ _____ 생략

(4) I can't remember a time I was so happy. ➡ _____ 생략

(5) I'd like to visit the house Kathy wants to buy. ➡ _____ 생략

▶ that은 모든 관계대명사와 관계부사를 대신해서 사용할 수 있다. 단, 선행사가 있을 때만 가능하고, 계속적 용법과 관계부사의 선행사를 생략할 때 관계부사 대신 that을 쓸 수 없다.

Tell me the exact time **that** the next train will arrive. (O)
Tell me **that** the next train will arrive. (X) ➡ 선행사가 생략되었으므로 when을 써야 한다.

서술형 기초 다지기 ❸

1 다음 보기와 같이 주어진 두 문장을 관계부사와 '전치사 + which'를 이용하여 각 한 문장씩 쓰시오.

> I can't forget the day. + We met on the day.
> ➡ I can't forget the day when we met.
> ➡ I can't forget the day on which we met.

(1) Cheongwadae is the place. + The president of Korea lives in that place.

➡ _____

➡ _____

(2) This is the village. + My father was born in the village.

➡ _____

➡ _____

(3) Please give me a good reason. + You didn't show up for work yesterday for a reason.

➡ _____

➡ _____

(4) This is the island. + Hundreds of wild deer live in the island.

➡ _____

➡ _____

(5) 2002 was the year. + The World Cup was held in that year.

➡ _____

➡ _____

2 다음 빈칸에 알맞은 관계사를 쓰시오.

(1) This is the hotel _____ Tae-hee Kim stayed.

(2) I'll never forget the day _____ I met her.

(3) Tom may know the reason _____ he missed the chance.

(4) Tell me _____ you unlocked the car.

3 다음 보기와 같이 주어진 문장에서 관계사가 생략된 곳에 V 표시하고 생략된 관계사를 쓰시오.

> I like the short stories∨the author wrote. ➡ _____which/that_____

(1) Do you know the reason she is so upset? ➡ _____

(2) The library is a place you can borrow books. ➡ _____

(3) The school I study English is not far from your house. ➡ _____

(4) I couldn't trust some people I worked with. ➡ _____

(5) Lisa liked the man she met at the party. ➡ _____

4 다음 우리말과 뜻이 같도록 빈칸에 알맞은 말을 쓰시오.

(1) 나는 Jessica가 왜 어젯밤 파티에서 차를 놓고 갔는지 궁금하다.

➡ I wonder _____ _____ _____ Jessica left her car at the party last night.

(2) 우리는 북한이 핵 기술을 어떻게 가지게 됐는지 모른다.

➡ We don't know _____ North Korea acquired their nuclear technology.

5 다음 보기와 같이 주어진 문장을 선행사와 관계부사를 생략하여 각 한 문장씩 쓰고 관계사 that을 이용하여 나머지 한 문장을 쓰시오.

> That is the house where we used to live.
> ➡ That is where we used to live. _____
> ➡ That is the house we used to live. _____
> ➡ That is the house that we used to live. _____

2001 is the year when we enter the twenty-first century.

➡ _____

➡ _____

➡ _____

Oral Test

Challenge 1 관계부사 where와 when의 쓰임을 알고 있는가?

관계부사 ☐☐☐는 장소를 나타내는 부사(구)를 대신하고 ☐☐☐은 시간을 나타내는 부사(구)를 대신한다. '☐☐☐ + ☐☐☐'로 바꾸어 쓸 수 있다.

> I remember the day **when** we visited the zoo. 나는 우리가 그 동물원을 갔던 그날이 기억난다.
> = I remember the day **on which** we visited the zoo.

Challenge 2 관계부사 why와 how의 쓰임을 알고 있는가?

(1) 관계부사 ☐☐☐는 이유(reason)를 나타내는 부사(구)를 대신한다. '☐☐☐ + which'로 바꿔 쓸 수 있다.

> I can't understand the reason **why** you did such a thing. 나는 네가 그런 일을 한 이유를 이해할 수 없다.
> = I can't understand the reason **for which** you did such a thing.

(2) 방법(way)을 나타내는 ☐☐☐는 '☐☐☐ + which'로 바꿔 쓸 수 있다. 선행사 ☐☐☐와 함께 쓸 수 없고, 각각 따로 쓰거나 how 대신 선행사 뒤에 ☐☐☐을 쓸 수 있다.

> This is **the way** we got over the crisis. 이것이 우리가 그 위기를 극복한 방법이다.
> = This is **how** we got over the crisis. = This is **the way that** we got over the crisis.

Challenge 3 관계부사의 특징을 알고 있는가?

관계부사는 장소, 시간, 이유, 방법을 나타내는 ☐☐☐를 생략할 수 있고 ☐☐☐ 자체를 생략해서 쓸 수도 있다.

> I can't remember <u>the restaurant</u> **where** I first met you. 나는 너를 처음 만났던 그 식당을 기억할 수 없다.
> = I can't remember **where** I first met you.
> = I can't remember <u>the restaurant</u> I first met you.

Unit 10 ● 복합 관계대명사

Whoever *wants to play soccer* can do so. 축구를 하고 싶은 사람은 누구든지 할 수 있다.
= **Anyone who** *wants to play soccer* can do so.

① 복합관계사는 관계사에 −ever를 붙인 것으로 what처럼 선행사 없이 단독으로 절(wh−ever + 주어 + 동사)을 구성한다. 복합 관계대명사는 문장에서 명사절 또는 양보의 부사절 역할을 한다.

복합 관계대명사	명사절	양보의 부사절
whoever	anyone who ~하는 사람은 누구나	no matter who 누가 ~한다 할지라도
whichever	anything which(that) ~하는 것은 어느 것이나	no matter which 어느 것이(을) ~한다 할지라도
whatever	anything that ~하는 것은 무엇이나	no matter what 무엇이(을) ~한다 할지라도

Whatever *has a beginning* has an end. 시작이 있는 것은 모두 끝이 있다. (명사절)
= **Anything that** *has a beginning* has an end.

Whoever *comes first* will get the best seat. 누구든 먼저 오는 사람이 제일 좋은 자리를 얻는다. (명사절)
= **Anyone who** *comes first* will get the best seat.

Whoever *you are*, you shouldn't smoke here. 당신이 누구든지 여기서 담배피우면 안 된다. (양보의 부사절)
= **No matter who** *you are*, you shouldn't smoke here.

기본기 탄탄 다지기

1 빈칸에 알맞은 복합 관계대명사를 쓰시오.

(1) Anyone who reads this book must be moved into tears.

= _____ reads this book must be moved into tears.

(2) You may take anything which you like.

= You may take _____ you like.

(3) Anything that happens has its cause and effect.

= _____ happens has its cause and effect.

(4) Whichever wins, we won't mind.

= _____ wins, we won't mind.

▶that은 복합 관계대명사로 쓰지 않는다.

Thatever comes here will be welcome. (X)

Unit 11 · 복합 관계부사

Whenever *she goes out*, she takes her dog with her.
그녀는 밖을 나갈 때면 그녀의 개를 함께 데리고 나간다.
Wherever *you are*, I will be with you.
네가 어디에 있든지 나는 너와 함께 할 것이다.

① 복합 관계부사는 관계부사에 −ever를 붙인 것으로 시간, 장소를 나타내는 부사절을 이끈다. 양보의 부사절을 이끌 때는 '~할 때면 언제라도, ~하는 곳은 어디라도'의 뜻으로 해석한다.

복합 관계부사	부사절	양보의 부사절
whenever	at any time when ~하는 때는 언제나	no matter when 언제 ~한다 할지라도
wherever	at(to) any place where ~하는 장소에는 어디에나	no matter where 어디서(로) ~한다 할지라도
however		however + 형용사/부사 + S + V 아무리 ~한다 하더라도 no matter how 아무리 ~한다 하더라도

Sales skyrocketed **whenever** we lowered our prices. 우리가 가격을 낮출 때마다 매출이 급증했다.
= Sales skyrocketed **at any time when** we lowered our prices.

Wherever you may go, you can't succeed without perseverance. 네가 어디를 가더라도 인내 없이는 성공할 수 없다.
= **No matter where** you may go, you can't succeed without perseverance.

However *young* she is, that's insulting. 그녀가 아무리 어리지만 그건 모욕적인 행위예요.
= **No matter how** *young* she is, that's insulting.

기본기 탄탄 다지기

1 다음 괄호 안에서 알맞은 것을 고르시오.

(1) Come (wherever / whenever) it is convenient for you.

(2) No matter (where / when) you are, remember that we will be thinking of you.

(3) No matter (where / how) hard she tries, it's impossible for her to enter the university.

(4) I practice at any time (whenever / when) I have some free time.

▶why는 복합 관계부사로 쓰지 않는다.

▶However와 No matter how가 양보의 부사절을 이끌 때 부사절내의 어순은 'However(No matter how) + 형용사/부사 + 주어 + 동사'이다. 형용사나 부사가 주어 앞으로 나가는 위치를 조심하자!

This is *the only* store **that** is open in our town all night.
이 가게가 우리 마을에서 밤새 문을 여는 유일한 가게이다.

① that은 거의 모든 관계사와 바꿔 쓸 수 있다. 특히, 다음의 경우에는 that만 쓴다.

선행사가 '사람 + 동물/사물'일 때
최상급 형용사가 선행사를 수식할 때
all, any, every, no, −thing 등이 선행사에 사용된 경우
의문문에서 의문대명사가 이미 사용된 경우
서수, the only/very, the same 등이 선행사를 수식할 때

Look at *the boy and the dog* **that** are jogging in the park. 공원에서 조깅을 하고 있는 저 소년과 개를 봐라.

He is *the wisest* person **that** I've ever seen. 그는 내가 지금까지 본 사람 중 가장 현명한 사람이다.

Mother Teresa did *everything* **that** she could do. 마더 테레사는 그녀가 할 수 있는 모든 것을 했다.

This is *the very* T-shirt **that** I have been looking for. 이것은 내가 찾고 있던 바로 그 티셔츠이다.

Is this *the same* design **that** we submitted last year? 이게 지난해에 우리가 제출했던 디자인과 같은 건가요?

기본기 탄탄 다지기

1 다음 빈칸에 알맞은 관계대명사를 쓰시오.

(1) The woman _____ lives next door is a nurse.

(2) The first thing _____ I remember is her big nose.

(3) I want the baggy pants _____ Peter has.

(4) This is a painting of a man and a house _____ he has drawn.

(5) Everyone _____ I know likes watching soccer.

(6) Do you know the girl _____ helped you yesterday?

(7) That was the only chance _____ I could go to Thailand.

▶현대 영어에서는 선행사 앞에 이러한 단어가 있더라도 선행사가 사람이면 that 보다 who를 주로 쓰고, 사물이면 which 보다 that을 주로 쓴다. 이는 구식 영어에 속하나, 현재 중, 고등학교 시험에 등장하고 있으므로 설명하였다. 사람과 사물이 함께 나오는 경우에는 that을 쓰지만 그런 예문은 극히 드물다.

서술형 기초 다지기 ④

1 우리말과 일치하도록 빈칸에 알맞을 말을 쓰시오.

(1) 네가 필요로 하는 것은 무엇이든 가져도 좋다.

➡ You may take _____ you need.

(2) 네가 어디에 가더라도 난 여기에서 기다리고 있을 거야.

➡ _____ you go, I'll be here waiting for you.

(3) 당신이 어느 것을 사더라도 일 년간의 보증 기간이 있다.

➡ _____ you buy, there is a one-year guarantee.

(4) 당신이 원할 때면 언제든지 나를 찾아와도 좋다.

➡ You can visit me _____ you like.

2 다음 보기와 같이 주어진 문장과 뜻이 같도록 anyone who(/that) 또는 anything which(/that)을 이용하여 문장을 다시 쓰시오.

> I'll never forgive whoever writes graffiti on this wall.
> ➡ I'll never forgive anyone who writes graffiti on this wall.

(1) Whoever finishes the race first will win the grand prize.

➡ _____

(2) Whatever can work mischief to people should be forbidden.

➡ _____

(3) She always gets whatever she wants.

➡ _____

(4) You may select whichever you like in this shop.

➡ _____

3 다음 보기와 같이 두 문장을 관계대명사 that을 이용하여 한 문장으로 완성하시오.

> The frist woman is Tiffany. We must see her.
> ➡ The first woman that we must see is Tiffany.

(1) This is the very book. I have been looking for it.

➡ _____

(2) Look at the boy and his dog. They are walking along the road.

➡ _____

(3) This is the longest novel. I have ever read it.

➡ _____

4 다음 보기와 같이 주어진 문장을 복합 관계부사를 이용하여 다시 쓰시오.

> No matter when you need us, we will help you.
> ➡ Whenever you need us, we will help you.

(1) No matter how hard you try, you can't forget him.

➡ _____

(2) Popular movie stars are celebrities, recognized no matter where they go.

➡ _____

(3) This team is famous for killing time no matter when they are winning.

➡ _____

(4) No matter how high you try to jump, you can't defy gravity.

➡ _____

Oral Test

Chapter 8

Challenge 1 복합 관계대명사는 무엇인가?

복합 관계대명사는 관계대명사에 [   ]을 붙인 것으로 what과 같이 [   ]를 포함하고 있다. 복합 관계대명사는 문장에서 명사절 또는 양보의 부사절 역할을 한다.

> **Whoever** *is elected for the mayor*, their policy won't change much. (양보의 부사절)
> = **No matter who** *is elected for the mayor*, their policy won't change much.
> 누가 시장으로 선출되든지 그들의 정책은 많이 바뀌지 않을 것이다.
>
> **Whoever** *leaves the classroom last* should turn off the light. (명사절)
> = **Anyone who** *leaves the classroom last* should turn off the light.
> 마지막으로 그 교실을 나가는 사람은 누구든지 불을 꺼야 한다.

Challenge 2 복합 관계부사는 문장에서 어떤 역할을 하는가?

복합 관계부사는 [   ]에 −ever을 붙인 것으로 [   ]이나 [   ]를 나타내는 부사절 또는 양보의 부사절을 이끈다.

> Please sit **wherever** you like. (부사절)
> = Please sit **at any place where** you like. 당신이 좋아하는 곳 어디에나 앉으세요.
>
> I end up fighting with him **whenever** I meet him. (부사절)
> = I end up fighting with him **at any time when** I meet him. 나는 그를 만나면 번번히 싸우게 돼.
>
> **Wherever** you've been, I'll forgive you. (양보의 부사절)
> = **No matter where** you've been, I'll forgive you. 네가 어디에 갔다 왔더라도 용서해 줄게.

Challenge 3 관계대명사 that만 사용하는 경우를 알고 있는가?

아래의 경우에는 관계대명사 [   ]만 쓴다.

선행사가 '사람 + 동물/사물'일 때
최상급 형용사가 선행사를 수식할 때
all, any, every, no, −thing 등이 선행사에 사용된 경우
의문문에서 의문대명사가 이미 사용된 경우
서수, the only/very, the same 등이 선행사를 수식할 때

1 다음 밑줄 친 부분 중 생략할 수 없는 것은?

① The box which I'm carrying is very heavy.
② Here are the papers that you were looking for.
③ The girl that won first prize is my daughter.
④ This is the tree which was planted 10 years ago.
⑤ This is the room that I was born in.

2 다음 빈칸에 들어갈 말이 바르게 짝지어진 것은?

> • The man _____ I spoke was German, not American.
> • Rome is a city _____ attracts tourists.

① with whom - where   ② to that - which
③ who - who   ④ to whom - whose
⑤ to whom - which

3 다음 주어진 우리말을 바르게 영작한 것이 아닌 것을 고르시오. (2개)

> 나는 가족을 볼 수 있었던 휴가를 가졌다.

① I had a holiday during which I was able to see my family.
② I had a holiday which I was able to see my family during.
③ I had a holiday I was able to see my family during.
④ I had a holiday that I was able to see my family.
⑤ I had a holiday what I was able to see my family during.

4 다음 밑줄 친 부분들 중 생략할 수 있는 것은?

① The girl who studies hard can pass the exam.
② This is the bicycle that I bought yesterday.
③ That is the book which teaches us many things.
④ I know a girl who is very kind.
⑤ The dog which runs very fast is mine.

5 밑줄 친 부분의 용법이 나머지와 다른 것을 고르시오.

① Who was the girl that I saw you with last night?
② I did not know that they invited me.
③ I believed that he is honest.
④ I think that modern technology cannot replace all animal tests at this time.
⑤ I hope that I can finish the assignments on time.

6 다음 대화의 빈칸에 알맞은 것을 고르시오.

> A: Can you tell me _____ the Lotte Department store is located?
> B: Of course. Go straight ahead and turn right at the corner. It's on the left.

① when   ② where   ③ how
④ which   ⑤ why

7 다음 문장의 빈칸에 공통으로 들어갈 관계사를 쓰시오.

> • This movie is about a boy _____ was raised by wolves in the jungle.
> • No matter _____ may say so, you need not believe it.

8 다음 두 문장을 한 문장으로 연결할 때 빈칸에 알맞은 말을 쓰시오.

> • Do you know the reason?
> • She moved to Chicago for the reason.
> ➡ Do you know the reason _____ she moved to Chicago?

9 다음 문장의 밑줄 친 부분의 뜻이 같도록 알맞게 바꾼 것은?

> Nancy lives in the country, <u>which</u> is very beautiful.

① for she ② and she ③ and it
④ but it ⑤ so it

10 다음 밑줄 친 What(what)의 쓰임이 나머지 넷과 다른 것은?

① <u>What</u> is important is to set the goal.
② Can you tell me <u>what</u> your favorite food is?
③ I know <u>what</u> you did last summer.
④ <u>What</u> happened to me yesterday was terrible.
⑤ I hope you are going to give me <u>what</u> I need.

11 다음 주어진 우리말과 의미가 같도록 빈칸에 알맞은 말이 순서대로 짝지어진 것은?

> • _____ comes to the office, don't interrupt our important meeting.
> (누가 우리 사무실에 오든 우리의 중요한 회의를 방해하지 마라.)
> • _____ cold it may be, Cindy jogs for half an hour every morning.
> (날씨가 아무리 추워도 Cindy는 매일 아침 30분씩 조깅을 한다.)

① Whenever - Wherever
② Whoever - Whatever
③ Wherever - Whichever
④ However - Whoever
⑤ Whoever - However

12 다음 우리말과 의미가 같도록 빈칸에 들어갈 알맞은 것은?

> She married a man _____ interests are similar to hers.
> (그녀는 그녀의 관심사가 비슷한 남자와 결혼했다.)

① who ② which ③ what
④ whose ⑤ that

서술형 대비 문제

1 다음 두 문장의 의미가 같도록 빈칸에 알맞은 말을 쓰시오.

We stayed at the Grand Hotel, and it had various meeting rooms.

➡ We stayed at the Grand Hotel, _____ had various meeting rooms.

2 다음 문장을 각각 관계대명사와 관계부사를 이용하여 한 문장으로 만드시오. (단, 전치사와 관계대명사는 붙여 쓸 것)

This is the building. The Japanese tortured our people in this building.

➡ This is the building _____.

➡ This is the building _____.

3 다음 사진을 보고 빈칸을 채워 문장을 완성하시오.

이것은 Jessica가 작년에 구입한 자동차이다.

➡ This is _____.

4 괄호 안의 단어들을 바르게 배열하여 문장을 완성하시오.

_____, you won't be able to solve the puzzle.

(try, you, no, how, may, matter, hard)

재채기가 멈추지 않으면 죽을 수도 있데요!

 If you sneeze in public, someone will say 'God bless you.' The reason is simple. A sneeze is an explosion of air from the lungs. When something irritates the nasal nerve, your brain sends a signal to force the air out of your lungs through your nose and mouth. The speed of air is quite fast; you sneeze at over 160 kmph (100 mph). And while you sneeze, the lungs cannot take air in and the heart skips a beat. So if you can't stop sneezing, you may die! In addition, the air _____ comes out through your nose and mouth may carry germs. Therefore, within a second the germs can be passed on to others. So it is courteous as well as hygienic to cover your mouth with a handkerchief while sneezing.

Chapter 8

1 What may be spread when you sneeze?

① spittle   ② nose drippings   ③ nasal nerve   ④ germs   ⑤ allergies

2 Fill in the blank from the above passage.

➡ We sneeze because _____.

3 위 글의 빈칸에 들어갈 알맞은 말을 고르시오.

① which   ② whoever   ③ what   ④ in which   ⑤ where

Super Speaking

A 보기와 같이 관계대명사를 이용하여 묻고 답하는 형식으로 말하기 연습을 하세요. 연습이 한 번 끝난 후 서로 역할을 바꿔 다시 말하기 연습을 하세요.

J.R.R Tolkien / ?

➡ the man / wrote *the Lord of the Rings*

Who is J.R.R Tolkien?

A

J.R.R. Tolkien is the man who wrote *the Lord of the Rings*.

B

1

Newton / ?

➡ the man / developed the theory of Gravity

2

Mother Teresa / ?

➡ the woman / gave her life to helping the poor and ill

B 보기와 같이 관계사 what을 이용하여 말하기 연습을 하세요. 연습이 한 번 끝난 후 서로 역할을 바꿔 다시 말하기 연습을 하세요.

yesterday / ?

What did you buy yesterday? Can you show me?

A

Sure. Here it is. This is what I bought yesterday.

B

1

last night / ?

2

last week / ?

62

출제의도 | 관계대명사를 이용하여 문장 완성하기
평가내용 | 목적격 관계대명사

서술형 유형	10점
난이도	중상

A 보기와 같이 주어진 표현과 아래 box에 있는 단어를 이용하여 목적격 관계대명사가 있는 완전한 문장으로 쓰시오.

fire fighter	ketchup	fridge	bookstore	telescope	dictionary

 보기 We use this machine to keep food cold.
➡ A fridge is a machine which/that we use to keep food cold.

1 We look in this book when we need to know the meaning of a word.

➡ _____

2 We ask this person for help when we see a fire.

➡ _____

3 We use this to see objects far away.

➡ _____

4 We go to this place when we need to buy a book.

➡ _____

5 We eat this sauce with burgers and French fries.

➡ _____

평가영역	채점기준	배점
유창성(Fluency) & 정확성(Accuracy)	5개의 문항을 모두 올바른 표현과 함께 정확하게 완성한 경우 (문법, 철자가 모두 정확한 경우)	5×2 = 10점
	관계대명사절을 만들지 못하였거나 문법, 철자가 1개씩 틀린 경우	문항당 1점씩 감점
	내용과 전혀 일치하지 않거나 답을 기재하지 못한 경우	0점

Chapter 8

실전 서술형 평가 문제

출제의도 | 선행사에 따른 알맞은 관계사를 이용하여 문장 서술하기

평가내용 | 관계대명사, 관계부사

서술형 유형	12점
난이도	중

 B 보기와 같이 주어진 문장을 알맞은 관계대명사 또는 관계부사를 이용하여 한 문장으로 다시 쓰시오.
(단, that을 사용하지 말 것)

보기 I'd like to marry a woman. She has a sense of humor.
➡ I'd like to marry a woman who has a sense of humor.

1 Do you know a restaurant? We can have a good meal there.

➡ _____

2 I don't want to date a man. His mother lives with him.

➡ _____

3 I met a pretty girl. Her parents run a big bakery downtown.

➡ _____

4 I'll never forget the day. You kissed me first on the day.

➡ _____

5 The volunteer work changed me a lot. I did it during the last vacation.

➡ _____

6 2012 was the year. The Korean soccer team won the Olympic bronze medal for the first time in
that year.

➡ _____

평가영역	채점기준	배점
유창성(Fluency) & 정확성(Accuracy)	6개의 문항을 모두 올바른 표현과 함께 정확하게 완성한 경우 (문법, 철자가 모두 정확한 경우)	6×2 = 12점
	관계사를 이용하지 못하였거나 문법, 철자가 1개씩 틀린 경우	문항당 1점씩 감점
	내용과 전혀 일치하지 않거나 답을 기재하지 못한 경우	0점

출제의도 | 관계대명사 계속적 용법을 이용하여 문장 서술하기

평가내용 | 관계대명사 계속적 용법

서술형 유형	12점
난이도	중상

 보기와 같이 계속적 용법 who, which를 이용하여 문장을 서술하시오.

> 보기 Eric is very friendly. (He lives next door.)
> ➡ Eric, who lives next door, is very friendly.

1 The Black Mamba lives in the jungle. (It is Africa's most poisonous snake.)

➡ _____

2 The Pyramids of Egypt are about 4,500 years old. (They are in the desert at Giza.)

➡ _____

3 I went to see the doctor. (She told me to rest for a few days.)

➡ _____

4 We stayed at the Grand Hotel. (Jane recommended it to us.)

➡ _____

5 Pablo Picasso spent most of his life in France. (He was a famous Spanish painter.)

➡ _____

6 The Eiffel Tower is 300 meters high. (It is in Paris.)

➡ _____

평가영역	채점기준	배점
유창성(Fluency) & 정확성(Accuracy)	6개의 문항을 모두 올바른 표현과 함께 정확하게 완성한 경우 (문법, 철자가 모두 정확한 경우)	6×2 = 12점
	관계대명사의 계속적 용법을 만들지 못하였거나 문법, 철자가 1개씩 틀린 경우	문항당 1점씩 감점
	내용과 전혀 일치하지 않거나 답을 기재하지 못한 경우	0점

Chapter 8

MEMO

Chapter 9
접속사

Unit 1 • 시간을 나타내는 부사절 when, while, as

Preview

When *she was young,* she was very energetic. 그녀가 어렸을 때 그녀는 매우 활동적이었다.
While *I was studying,* the doorbell rang. 내가 공부하는 중에 초인종이 울렸다.

1 시간의 부사절을 이끄는 when, while, as가 '~하는 중에'의 뜻으로 쓰일 때는 뜻이 모두 같다. 이미 진행되고 있었던 동작에는 과거진행형을 부사절에 쓰고, 주절에는 과거시제를 쓴다.

When I was sleeping, the phone rang. 내가 자고 있던 중에 전화가 울렸다.
이미 진행 중인 동작 ➡ 과거진행　　　　　중간에 끼어든 짧은 동작 ➡ 과거

= **As** I was sleeping, the phone rang.

= **While** I was sleeping, the phone rang.

2 when, while, as가 서로 다른 의미로 사용될 때, when(~할 때, ~할 때마다)은 인생의 한 시점이나 기간을 뜻하고, while(~하는 동안에, ~하는 사이에)은 비교적 긴 시간에 걸쳐 동시에 일어나는 일, as(~함에 따라, ~할 때)는 두 가지 동작이 동시에 변화하고 있음을 나타낸다.

Did you call me **while** I was out today? 오늘 내가 외출한 사이에 전화했니?

When I was a child, my dream was to be a pianist. 어렸을 때 나의 꿈은 피아니스트가 되는 것이었다.

As he arrived home, his sister called him. 그가 집에 도착했을 때 그의 여동생이 그에게 전화했다.

기본기 탄탄 다지기

1 다음 빈칸에 when, while, as 중 알맞은 것을 쓰시오.

(1) 너는 런던에 있는 동안에 그 박물관을 방문하는 게 좋겠다.
　➡ You should visit the museum ＿＿＿＿＿ you are in London.

(2) 내가 공항에서 탑승 수속을 하는 동안에 내 친구는 기념품들을 샀다.
　➡ ＿＿＿＿＿ I was checking in at the airport, my friend bought souvenirs.

(3) 내 할머니는 30살에 한국으로 왔다.
　➡ My grandmother came to Korea ＿＿＿＿＿ she was 30 years old.

(4) 그는 나이를 먹어감에 따라 오로지 축구경기를 보는 것만을 낙으로 삼게 되었다.
　➡ ＿＿＿＿＿ he got older, he could only find comfort in watching soccer games.

> ▶시간의 부사절의 내용이 미래를 나타낸다 하더라도 부사절 안에는 미래시제를 쓰지 않고 현재시제로 미래를 나타낸다.
>
> When I **get** home this evening, I **will call** you.
>
> ▶현재시제와 마찬가지로 변하지 않는 진리나 사실적이고 습관적인 일에는 시간의 부사절에도 현재시제, 주절에도 현재시제를 쓴다.
>
> When you **heat** water, it **boils**.

I'll finish my homework **before** *I go to the party*. 나는 파티에 가기 전에 숙제를 끝낼 거다.
Susan **has lived** here **since** she **married**. Susan은 결혼한 이후로 여기에 살고 있다.

(1) before는 '~하기 전에', after는 '~한 후에'라는 뜻으로 시간의 부사절을 이끌고, 전치사로 사용될 경우 before 와 after 뒤에 명사(구) 또는 동명사가 온다.

Eric went to the movies **after** *he ate dinner*. Eric은 저녁을 먹은 후에 영화를 보러 갔다.

What about a quick game of table tennis **before** *lunch*? 점심 먹기 전에 잠깐 탁구 한 게임 할래?

(2) until과 by the time은 둘 다 '~할 때까지'의 뜻이나, until은 동작이나 상태가 계속되는 경우에 쓰고 by the time은 완료의 기한을 나타낼 때 쓴다.

Wait **until** I come back. 내가 돌아올 때까지 기다려.

We'll probably finish dinner **by the time** you get home. 네가 집에 도착할 때쯤이면 아마 우리는 저녁식사가 끝날 거다.

(3) since는 주로 과거시제의 절을 이끌어 현재완료와 함께 쓴다. '~이래로, 이후로(줄곧)'의 뜻이다.

Philip **has played** soccer **since** he **was** young. Philip은 어렸을 때 이후로 줄곧 축구를 해왔다.

Chapter 9

기본기 탄탄 다지기

1 다음 괄호 안에서 알맞은 접속사를 고르시오.

(1) 그가 도착했을 때쯤에 그녀는 이미 가고 없었다.
➡ (Before / By the time) he arrived, she was already gone.

(2) 나는 축구연습을 한 후에 낮잠을 잘 거야.
➡ (Since / After) I practice playing soccer, I'll take a nap.

(3) 영화를 보기 전에 저녁 먹을래요?
➡ Do you want to get dinner (before / until) the movie?

(4) 그녀는 한국어를 능숙하게 구사할 수 있을 때까지 공부하고 싶어 한다.
➡ She wants to study Korean (until / by the time) she is fluent.

▶시간의 부사절의 내용이 미래를 나타낸다 하더라도 부사절 안에는 미래시제를 쓰지 않고 현재시제로 미래를 나타낸다.

Until you *come* home, I *won't go* to bed.

▶기타 시간의 부사절을 이끄는 표현
as soon as(= on + V-ing) : '~하자 마자'

As soon as the plane took off, its engine failed.
every time : '~할 때마다'
Every time she washes her car, it rains the next day.

I was late **because** my car broke down suddenly. 내 차가 갑자기 고장이 났기 때문에 지각을 했다.

As he lives near us, we see him often. 그는 우리와 가까이 살기 때문에 자주 본다.

① because, as, since는 '~때문에'라는 뜻으로 원인을 나타내는 부사절을 이끄는 접속사이다. as와 since는 말하는 사람 또는 듣는 사람이 서로 알 만한 원인을 나타내어 주로 문장 앞에 쓴다. because는 듣는 사람이 잘 알지 못하는 이유를 강조하며 말하므로 why에 대한 대답으로 because를 쓴다.

As I could not find him, I left a message. 나는 그를 찾을 수 없어서 메시지를 남겼다.

Since the Earth is rotating, two tides occur each day. 지구가 자전하고 있기 때문에, 두 번의 조수가 매일 일어난다.

Eric was tired **because** he worked all night. Eric은 밤새 일했기 때문에 피곤했다.

② because of, due to(= owing to)는 둘 다 '~때문에'라는 뜻으로 전치사 뒤에 명사나 동명사를 써서 이유를 강조하는 부사구를 만든다. thanks to(~덕분에) 또한 이유를 강조하는 부사구로 쓰인다.

Yesterday Jessica stayed home from work **because of** flu. Jessica는 어제 독감 때문에 결근했다.

The game was called off **due(owing) to** rain. 그 경기는 우천으로 취소되었다.

Thanks to his invention, a lot of people live better lives. 그의 발명 덕분에 많은 사람들이 좀 더 나은 생활을 하고 있다.

기본기 탄탄 다지기

1 다음 괄호 안에서 알맞은 것을 고르시오.

(1) We ordered two pizzas (as / if) we were all hungry.

(2) She was late for work today (since / because of) a traffic jam.

(3) I can't go with you (owing to / because) a previous engagement.

(4) I didn't go to the party last night (because / thanks to) I didn't feel well.

(5) (Because of / Since) you helped me, I could finish the project.

(6) (Thanks to / As) online booking, paper tickets are becoming extinct.

▶ now that (~이니까)도 since와 비슷한 의미로 이유를 나타내는 접속사로 쓰인다.

Now (that) we are all here, let's begin the meeting.

서술형 기초 다지기 ❶

1 다음 보기와 같이 주어진 두 문장을 괄호 안의 접속사를 이용하여 한 문장으로 완성하시오.

> The birthday boy arrived. Everyone screamed out. (when)
> ➡ <u>When the birthday boy arrived, everyone screamed out.</u>

(1) I like to read books. I listen to jazz music. (while)

➡ _____

(2) The thief was seen. He was climbing over the wall. (as)

➡ _____

(3) What are you going to do? You're waiting for me. (when)

➡ _____

(4) The earthquake occurred. They were sleeping. (while)

➡ _____

(5) He was listening to the radio. Someone knocked on the door. (when)

➡ _____

2 다음 보기와 같이 시간을 나타내는 부사절이 미래를 나타낼 수 있도록 괄호 안의 동사를 이용하여 빈칸을 완성하시오.

> Before he ___eats___ breakfast tomorrow, he ___will read___ the newspaper. (eat / read)

(1) After we _____ on Tower Bridge, we _____ to Big Ben. (walk / go)

(2) When she _____ to London, she _____ money a lot. (go / spend)

(3) When Jane _____ us this coming weekend, we _____ her to our favorite family restaurant. (visit / take)

(4) Before we _____ a baby, we _____ a bigger house. (have / buy)

(5) I _____ my job until I _____ the lottery. (not quit / win)

3 다음 보기와 같이 주어진 문장을 because를 이용하여 다시 쓰시오.

> The lecture was boring, so some of the students began to fall asleep.
> ➡ Some of the students began to fall asleep because the lecture was boring.

(1) I was busy with my homework, so I didn't go to the party.

➡ _____

(2) It was a national holiday, so all the banks were closed.

➡ _____

4 다음 우리말과 뜻이 같도록 괄호 안의 말을 바르게 배열하여 문장을 완성하시오.

(1) 우리는 그가 돌아올 때까지 여기에 있어야 한다. (comes, until, he)

➡ We have to stay here _____.

(2) 우리 마을은 내가 여기 이사 온 이래로 많이 변했다. (I, since, moved, here)

➡ My town has changed a lot _____.

(3) 오늘 아침에 지갑을 잃어버렸기 때문에 돈이 하나도 없다. (my wallet, this morning, lost, since, I)

➡ I don't have any money _____.

(4) 비 때문에 참석률이 저조하다. (the rain, to, due)

➡ Attendance is unimpressive _____.

(5) 과학자들의 예측 덕분에 많은 사람들이 생명을 구했다. (prediction, to, the scientists', thanks)

➡ _____, many people's lives were saved.

5 다음 보기와 같이 V-ing 형태의 부사구를 부사절로 고쳐 문장을 다시 쓰시오.

> Because being sick, Kevin was absent yesterday.
> ➡ Because Kevin was sick, he was absent yesterday.

(1) While walking down the street, I met a ghost.

➡ _____

(2) After finishing the work, Alice went to a movie.

➡ _____

Challenge 1 시간의 부사절 when, while, as는 언제 쓰는가?

(1) 시간의 부사절을 이끄는 접속사 when, while, as는 과거의 비교적 긴 시간을 나타내는 [   ] 시제와 함께 쓸 때 '~하는 중에'라는 뜻이 같다. 주절에는 [   ] 시제를 써서 중간에 짧게 일어난 동작을 나타 낸다.

While / As / When we **were eating**, the phone **rang**. 우리가 식사하는 중에 전화기가 울렸다.

(2) when, while, as가 서로 다른 의미로 사용될 때, [   ]은 비교적 긴 시간에 걸쳐 동시에 일어나는 일, [   ]은 인생의 한 시점이나 기간, [   ]는 두 가지 동작이 동시에 변화하고 있음을 나타낸 다.

Challenge 2 시간의 부사절 after, before, since, until, by the time은 언제 쓰는가?

(1) [   ]는 '~하기 전에', [   ]는 '~한 후에', [   ]는 '~한 이래로, 이후로'의 뜻이다. 특히 since는 주로 [   ] 시제와 함께 쓰일 때 시간을 나타낸다.

I *have known* Betty **since** she was a child. 나는 Betty가 아이일 때부터 그녀를 알고 지내고 있다.

(2) [   ]은 동작이나 상태가 계속되는 경우에 쓰고 [   ]은 완료의 기한을 나타낼 때 쓴다.

Boil the potatoes **until** they are soft. 부드러워질 때까지 감자를 끓이세요.

By the time they arrive, we will have already left. 그들이 도착할 때쯤에는 우리는 이미 떠나고 없을 거다.

(3) 시간의 부사절의 의미가 미래를 나타내더라도 부사절에는 미래시제를 쓰지 않고 [   ] 시제로 미래를 나타낸다.

After we **retire**, we're going to travel. 우리가 은퇴한 후에는 여행을 다닐 예정이다.

Challenge 3 이유를 나타내는 because, as, since는 언제 쓰는가?

because, as, since는 '[   ]'라는 뜻으로 원인을 나타내는 부사절을 이끈다. since는 [   ] 시제와 함께 쓰이지 않을 때 이유를 나타낸다. because of, due to, owing to, thanks to는 전치사 to 뒤에 [   ] 또는 [   ]를 써서 이유를 강조하는 부사구를 만든다.

Since we have no classes on weekends, we can go swimming every Saturday.
주말에는 수업이 없기 때문에 우리는 매주 토요일마다 수영을 하러 갈 수 있다.

The ship was put back to Incheon **owing to** the storm. 배는 폭풍 때문에 인천으로 되돌아갔다.

Unit 4 • 조건을 나타내는 if, unless

Preview

We won't go out **if** it **rains** tomorrow. 우리는 내일 비가 오면 밖에 나가지 않을 거야.

Let's have dinner out **unless** you **are** too tired. 너무 피곤하지 않다면 저녁을 밖에서 먹자.

1 if는 조건의 부사절을 이끄는데 시간의 부사절과 마찬가지로 조건의 부사절 안에도 현재시제를 써서 미래를 나타낸다. unless는 '~아니라면'의 뜻으로 'If ~ not'으로 바꿔 쓸 수 있다. 단, unless 자체가 부정의 의미이므로 부사절에 부정문을 쓰지 않도록 조심한다.

If the weather **is** nice tomorrow, we'll go fishing. 내일 날씨가 좋으면 우리는 낚시하러 갈 거야.

She'll never succeed **if** she **misses** this chance. 이 기회를 놓친다면 그녀는 절대 성공할 수 없어.

Unless he **works** hard, he won't get a promotion. 열심히 일하지 않으면 그는 승진하지 못할 것이다.

= **If** he **doesn't** work hard, he won't get a promotion.

2 일반적인 사실, 일상적으로 일어나는 일이나 정해진 상황을 가정할 때에는 if절과 주절에 모두 현재시제를 쓴다. if 대신 when을 대신 쓸 수도 있다.

If(When) people **sneeze**, they **close** their eyes. 사람들이 재채기를 할 때면 눈을 감는다.

If(When) you **mix** red and white, you **get** pink. 빨간색과 하얀색을 섞으면 분홍색이 된다.

기본기 탄탄 다지기

1 괄호 안의 동사를 이용하여 빈칸에 알맞은 시제를 쓰시오.

(1) You won't be able to describe the picture unless you
_____ (look) at it carefully.

(2) If you _____ (not / mind), I'll sit here.

(3) Unless it rains this weekend, I _____ (go) to the
beach with you.

(4) If the temperature falls below zero, water _____
(freeze) and becomes ice.

(5) If it _____ (get) dark in the desert, it gets cold.

(6) The poor man _____ (not / be able to) buy a new car
unless he wins the lottery.

▶ 기타 조건을 나타내는 접속사

1) only if : ~할 때에만
Only if it rains, I'll take an umbrella.
= **If** it rains, I'll take an umbrella.

2) in case : ~의 경우에 대비해서
In case it rains, I'll take an umbrella.
= **Whether** it rains **or not**, I'll take an umbrella.
(비가 오든지 안 오든지 상관없이 만약을 위해서 우산을 가지고 다니겠다는 의미)

Unit 5 • 양보를 나타내는 (al)though, even though

Although he was ill, he went to work.
그는 아픈데도 불구하고 직장에 갔다.
She enjoys bungee jumping **in spite of** all the danger.
그녀는 그 모든 위험에도 불구하고 번지 점프를 즐긴다.

① although, though, even though는 모두 '~임에 불구하고'라는 뜻으로 예상치 못한 결과를 나타내는 양보의 부사절을 이끈다. 일상 영어에서는 though를 많이 쓰고, even though는 though보다 더 강한 양보의 의미를 나타낸다. in spite of와 despite도 같은 의미를 가진 전치사로 전치사 특성상 반드시 뒤에 (대)명사나 동명사를 써야 한다.

Even though he's a millionaire, he lives in a very small apartment.
그는 백만장자인데도 불구하고 아주 작은 아파트에 산다.
Although she's much older than the others, she won the race.
그녀는 다른 사람들보다 훨씬 더 나이가 많은데도 그 경주에서 우승했다.
We went out **in spite of (despite)** the rain. 우리는 비가 오는데도 밖에 나갔다.
= We went out **although** it was raining.

② (al)though, even though는 기정 사실의 내용이 오고, even if는 조건이나 가정의 내용이 온다.

Even though I was invited to the party, I didn't go. ➡ 파티에 초대받은 것은 기정 사실
파티에 초대받았는데도 나는 가지 않았다.

Even if the world ends tomorrow, I will plant an apple tree today. ➡ 지구 종말은 가정
비록 내일 지구의 종말이 온다 할지라도 나는 한 그루의 사과나무를 심겠다.

기본기 탄탄 다지기

1 괄호 안의 표현 중 알맞은 것을 고르시오.

(1) (Because / Though) she told a lie, Brian forgave her.

(2) Even (if / though) he comes tomorrow, I won't change the plan.

(3) They went out (although / despite) the cold.

(4) (In spite of / Even though) the heavy traffic, we arrived on time.

(5) I won't steal even (if / though) I starve to death.

(6) Susan quit the job (in spite / because) of her health.

> ▶though가 문장 맨 마지막에 오면 '그러나(however)'의 뜻이 된다.
>
> I meet her every day. I've never spoken to her, **though**.
> = I meet her every day. **However**, I've never spoken to her.

Chapter 9

Preview

Both Sara **and** Peter were late. **Neither** Alice **nor** Steve came to the party.
Sara와 Peter 둘 다 지각했다.   Alice도 Steve도 파티에 오지 않았다.

① 떨어져 있는 한 쌍의 어구가 동일한 문법 성분 A와 B를 연결시켜주는 것을 상관접속사라고 한다.

both A **and** B	A, B 둘 다	**not** A **but** B	A가 아닌 B
either A **or** B	A, B 둘 중 하나	**neither** A **nor** B	A, B 둘 다 아닌
not only A **but (also)** B	A뿐만 아니라 B도 (= B **as well as** A)		

Either you **or** Suji has to remain here. 당신 혹은 수지가 여기 남아야 한다.

I want to visit Paris **as well as** Rome. 나는 로마뿐 아니라 파리도 방문하고 싶다.
= I want to visit **not only** Rome **but (also)** Paris.

② 접속부사는 본래 부사이지만 접속사처럼 두 개의 문장을 이어주는 역할을 할 수 있다.

결과 (그래서, 그러므로)	so, therefore, thus, as a result, consequently
대조 (그러나, 반면에)	however, but, yet, nevertheless, on the other hand
첨가 (게다가, 더욱이)	in addition, besides, moreover, furthermore
예시 (예를 들어)	for example, for instance
선택 (그렇지 않으면)	otherwise

Philip didn't study hard, **therefore**, he failed the test. Philip은 열심히 공부하지 않았으므로 시험에 떨어졌다.
Sunny loves John. **However**, she doesn't want to marry him. Sunny는 John을 사랑하지만 그와 결혼하고 싶어 하지 않는다.

기본기 탄탄 다지기

1 다음 괄호 안에서 알맞은 것을 고르시오.

(1) I want to get the job. (As a result / Thus), I have to prepare for the application.

(2) Not only she (or / but) also I am upset about that.

(3) I take (neither / both) milk and sugar in my coffee.

(4) It's hot in the desert in the day. (On the contrary / Otherwise), it is very cold at night.

(5) Put your coat on, (otherwise / nevertheless) you'll catch a cold.

▶상관접속사가 주어 자리에 쓰일 때의 수일치
1. 복수 취급 : both A and B
Both Kevin and his wife **are** coming here.
2. B에 동사의 수일치
either A or B / neither A nor B / not A but B / not only A but also B / B as well as A
Either you or your friend **is** telling a lie.

▶neither A nor B는 'not ~ either A or B'로 바꿔 쓸 수 있다.
Neither Mary **nor** her sister can attend tonight's family gathering.
= **Not either** Mary **or** her sister can attend tonight's family gathering.

서술형 기초 다지기 ❷

1 우리말과 뜻이 같도록 빈칸에 알맞은 말을 쓰시오.

(1) 너와 그 둘 중에 한 명이 이 일을 끝마쳐야 한다.

➡ ＿＿＿＿＿＿ you ＿＿＿＿＿＿ he should finish this work.

(2) 고래와 사람은 둘 다 포유동물이다.

➡ ＿＿＿＿＿＿ whales ＿＿＿＿＿ humans are mammals.

(3) 화산은 인도네시아가 아니라 일본에서 폭발했다.

➡ The volcano erupted ＿＿＿＿＿ in Indonesia ＿＿＿＿＿ in Japan.

(4) 이 책은 흥미롭고 유익하다.

➡ This book is ＿＿＿＿＿ interesting ＿＿＿＿＿ instructive.

(5) 우리 아빠도 엄마도 영어를 할 줄 모른다.

➡ ＿＿＿＿＿＿ my father ＿＿＿＿＿ my mother can speak English.

2 다음 보기와 같이 접속사 if를 이용한 조건의 부사절로 다시 쓰시오.

> You will take your medicine. You will feel better.
> ➡ If you take your medicine, you will feel better.

(1) The weather will be nice tomorrow. We will go camping.

➡ ＿＿＿＿＿＿＿＿＿＿＿＿＿＿＿＿＿＿＿＿＿＿＿＿＿＿

(2) She will travel to Africa. She must wear light clothes.

➡ ＿＿＿＿＿＿＿＿＿＿＿＿＿＿＿＿＿＿＿＿＿＿＿＿＿＿

(3) I won't have money. I will get help from the government.

➡ ＿＿＿＿＿＿＿＿＿＿＿＿＿＿＿＿＿＿＿＿＿＿＿＿＿＿

3 다음 빈칸에 알맞은 말을 보기에서 골라 쓰시오.

besides	nevertheless	however

(1) She lives next door. ＿＿＿＿＿＿＿, I have hardly seen her.

(2) It's raining heavily. ＿＿＿＿＿＿＿, there is a strong wind.

(3) She is very selfish; ＿＿＿＿＿＿＿, I still love her.

4 다음 보기와 같이 주어진 문장을 unless를 이용하여 다시 쓰시오.

> I won't close this meeting only if you have further questions.
> ➡ I will close this meeting unless you have further questions.

(1) You can play tennis there only if you are a member.

➡ _____

(2) The tiger will attack you only if you move suddenly.

➡ _____

(3) The doctor will see you today only if it's an emergency.

➡ _____

5 다음 보기와 같이 괄호 안의 표현을 이용하여 한 문장으로 고쳐 쓰시오.

> I have a degree in literature. I don't understand poetry. (although)
> ➡ Although I have a degree in literature, I don't understand poetry.

(1) Tom didn't get the job. He was qualified. (in spite of)

➡ _____

(2) I was really tired. I couldn't sleep. (even though)

➡ _____

(3) She waited in line for 2 hours. She couldn't buy a ticket for the movie. (though)

➡ _____

(4) I won't go to her concert. You paid me. (even if)

➡ _____

6 주어진 문장과 같은 뜻이 되도록 빈칸을 완성하시오.

(1) The designer is famous in foreign countries as well as in Korea.

= The designer is famous _____ _____ in Korea _____ _____ in foreign countries.

(2) Neither Alice nor her brother is going to come tonight.

= _____ _____ Alice _____ her brother is going to come tonight.

Oral Test

Challenge 1 조건의 부사절은 무엇인가?

(1) 부사절을 이끄는 [   ]는 조건의 부사절 안에서 [   ] 시제로 미래를 나타낸다.
[   ]는 '~가 아니라면'의 뜻으로 'if ~ not'으로 바꿔 쓸 수 있다.

If I **go** to the park tomorrow, I **will bring** my dog. 내일 공원에 가면 내 개를 데려갈 거야.

I won't go **unless** you go with me. 네가 함께 가지 않으면 나는 가지 않을 거야.
= I won't go **if** you **don't** go with me.

(2) 일상적인 습관이나 일반적인 사실, 그리고 정해진 상황을 가정할 때에는 if절과 주절에 모두 [   ] 시제를 쓴다.

If you **water** plants, they **grow**. 네가 식물에 물을 주면 그들은 자란다. (Always true.)

Challenge 2 양보의 부사절은 언제 쓰는가?

[   ], [   ], [   ]는 모두 예상치 못한 결과를 나타내는 양보의 부사절을 이끈다. [   ]는 실제 상황이 아닌 어떤 일을 상상하여 가정할 때 쓰는 표현으로 위의 세 가지 접속사와는 의미가 다르다. in spite of와 despite는 전치사로 반드시 뒤에 [   ] 또는 [   ]를 쓴다.

Challenge 3 상관접속사와 접속부사는 무엇인가?

(1) 'both A and B'가 주어로 쓰인 경우 동사는 [   ]를 쓰고 'either A or B', 'neither A nor B', 'not only A but (also) B', 'not A but B'가 주어로 쓰인 경우 동사의 수는 모두 [   ]에 일치시킨다.

Either your brother **or** I **am** going to pick you up at the station. 네 남동생이나 내가 역에 너를 마중 나갈 것이다.

(2) 접속부사는 단어, 구, 절 등의 대등한 요소들을 연결하는 접속사와 달리, 문장과 문장을 자연스럽게 연결해 주는 역할을 한다.

[   ] : then, therefore, so, consequently, accordingly

[   ] : however, but, yet, nevertheless, on the other hand

[   ] : in addition, besides, moreover, furthermore, also

[   ] : for example, for instance

[   ] : otherwise

Preview

That *George learned how to swim* is a miracle. George가 수영하는 방법을 배운 것은 기적이다.
I know **that** *she wants to marry him.* 나는 그녀가 그와 결혼하고 싶어 한다는 것을 안다.

1 'that + 주어 + 동사 ~'의 한 덩어리가 문장에서 명사 자리에 쓰이는 절이다. that으로 시작하는 명사절은 주어로 쓰인다. 주어로 쓰일 때 주어가 길어지므로 주어 자리에 가주어 it을 쓰고 모두 뒤로 보낼 수 있다. '~라는 것이, ~라는 것은'으로 해석한다.

That *Yeon-jae Son is a great rhythmic gymnast* is true. 손연재가 훌륭한 리듬 체조 선수라는 것은 사실이다.
= **It** is true **that** *Yeon-jae Son is a great rhythmic gymnast.*

2 동사 뒤에 목적어로 (대)명사가 오지만, '주어 + 동사'를 쓰려면 명사절을 써야 한다. 목적어 자리에 쓰이는 명사절 접속사 that은 일상 영어에서 자주 생략해서 쓴다. '~라고, ~하는 것을'로 해석한다.

They know **that** *the river flows to the ocean.* 그들은 강물이 바다로 흘러간다는 것을 안다.

Most people think/*the Beatles is the best rock band.* 대부분의 사람들은 비틀즈가 최고의 락밴드라고 생각한다.
➡ think와 the Beatles 사이에 that 생략

3 be동사 뒤에 보어로 명사나 형용사가 오지만, '주어 + 동사'를 쓰려면 명사절을 써야 한다. '~하는 것이다'로 해석하고 보어 자리에 쓰인 명사절 접속사 that은 생략하지 않는다.

The trouble is **that** *she remembers his name.* 문제는 그녀가 그의 이름을 기억한다는 것이다.

The important thing is **that** *people should help each other.* 중요한 것은 사람들은 서로 도와야 한다는 것이다.

기본기 탄탄 다지기

1 명사절에 밑줄을 긋고 주어이면 S, 목적어는 O, 보어로 쓰였으면 C를 쓰시오.

(1) He expected that he would get a prize. _____

(2) Susan thinks that she can get the job. _____

(3) That smoking can cause cancer is a fact. _____

(4) Her problem is that she drinks too much coffee. _____

(5) It is a well-known fact that plants need water to grow. _____

> ▶명사절이 주어 자리에 쓰인 경우 주어가 길어져 그 자리에 가주어 it을 쓰거나 The fact that ...으로 쓸 수 있다. the fact 뒤에 위치하는 명사절은 동격의 that절이다.
>
> That Korean economic situation is getting better is obvious.
> = It is obvious that Korean economic situation is getting better.
> = The fact that Korean economic situation is getting better is obvious.

Unit 8 ● 의문사로 시작하는 명사절(간접의문문)

I don't know. + Where does she live?

➡ I don't know **where** *she lives*. 나는 그녀가 어디에 사는지 모른다. (명사절이 know의 목적어 역할)

① 의문사로 시작하는 명사절이 문장에서 주어 또는 목적어 자리에서 명사 역할을 한다. 의문사로 시작하는 명사절은 직접의문문의 어순이 아닌 반드시 '의문사 + 주어 + 동사'의 간접의문문의 어순으로 써야 한다. 우리말 '~하는지(는, 를)'로 해석한다.

When will he come? 그는 언제 오니?

➡ Do you know **when** *he will come*? 너는 그가 언제 올지를 아니?

Why did ancient Egyptians build pyramids? 고대 이집트인들이 피라미드를 왜 지었는가?

➡ **Why** *ancient Egyptians built pyramids* remains a mystery.
고대 이집트인들이 왜 피라미드를 지었는지는 미스터리로 남아있다.

② 생각과 관련된 think, believe, guess, suppose, imagine 등의 동사는 의문사를 문장 맨 앞으로 보내고 '주어 + 동사'의 어순으로 쓴다.

Do you think? + What is the most typical Korean temple?

➡ Do you think **what** the most typical Korean temple is?

➡ **What** do you think **the most typical Korean temple is**? 가장 대표적인 한국의 절은 무엇이라고 생각하니?

기본기 탄탄 다지기

1 다음 직접의문을 명사절로 바꾸어 문장을 완성하시오.

(1) Why did she leave?

➡ I don't know _____ .

(2) Where is he living?

➡ I don't know _____ .

(3) What time does the movie begin?

➡ I don't know _____ .

(4) How old is Jessica?

➡ I don't know _____ .

▶직접의문문에 조동사로 쓰인 do, does, did는 간접의문문에서 '주어 + 동사'의 어순으로 바뀌기 때문에 없어지고 대신 주어에 따라 동사의 수와 시제를 일치시켜야 한다. 의문사 자신이 주어인 경우에는 '의문사 + 동사'의 어순으로 쓴다.

What **did** she say?
➡ I don't know what she **said**.
Who came to the party?
➡ I don't know **who came** to the party.

Chapter 9

Unit 9 • if와 whether로 시작하는 명사절

Preview

Did Karen go to Chicago? Karen은 시카고에 갔니?
→ I wonder **if** *Karen went to Chicago*. 나는 Karen이 시카고에 갔는지 안 갔는지가 궁금하다.

1 if 또는 whether로 시작하는 명사절은 의문사가 없는 직접의문문이 간접의문문으로 바뀌어 문장에서 주어, 목적어, 보어 역할을 한다. 의문문에 의문사가 없을 때 if와 whether로 명사절을 만들고 '~인지 아닌지'로 해석한다.

Is she a doctor?
→ **Whether** *she is a doctor or not* doesn't matter. 그녀가 의사인지 아닌지는 중요하지 않다.

Has the flight arrived?
→ I don't know **if/whether** *the flight has arrived (or not)*. 나는 그 비행기가 도착했는지 아닌지 모르겠다.

2 if절은 주어로 문장 맨 앞에 쓰지 않고 whether를 쓴다. 동사 바로 뒤에는 if와 whether를 둘 다 쓰지만 일상 영어에서는 if를 더 많이 쓴다. 조건의 부사절 if(만약 ~라면)와 혼동이 될 수 있는데 if가 동사 바로 뒤에 위치하고 있으면 명사절로 쓰인 if(~인지 아닌지)로 보면 된다.

Whether *they like each other or not* isn't important to me. (if 사용 불가능)
그들이 서로 좋아하는지 아닌지는 내게 중요하지 않다.

I don't know **if** *Mary is at home*. (명사절 접속사 if)
나는 Mary가 집에 있는지 없는지 모르겠다.

We don't go to the park **if** *it rains tomorrow*. (부사절 접속사 if)
우리는 내일 비가 오면 공원에 가지 않을 거다.

기본기 탄탄 다지기

1 다음 괄호 안에서 알맞은 것을 고르시오.

(1) (If / Whether) Kathy is lazy or not is important.

(2) (If / Whether) the pizza is expensive, Tom will make pasta.

(3) I wonder (whether / that) she is coming to the party or not.

(4) I can't tell (if / whether) or not the e-mail message is spam.

(5) Their teacher will be sad (whether / if) they don't pass their exam.

▶or not의 위치
명사절을 이끄는 whether는 whether or not을 연이어 쓸 수 있지만 if는 바로 뒤에 or not을 쓸 수 없고 문장 끝에 쓴다.

I wonder **if/whether** you could give me a raise **or not**. (O)
I wonder **whether or not** you could give me a raise. (O)
I wonder **if or not** you could give me a raise. (X)

서술형 기초 다지기 ❸

1 다음 보기와 같이 두 문장을 연결해 각각 That, It, The fact that으로 시작하는 문장을 하나씩 만드시오.

> Steve is her boyfriend. That's a lie.
> ➡ That Steve is her boyfriend is a lie.
> ➡ It is a lie that Steve is her boyfriend.
> ➡ The fact that Steve is her boyfriend is a lie.

(1) She knew my secret all along. That's obvious.

➡ _____

➡ _____

➡ _____

(2) Peter will not return. It is certain.

➡ _____

➡ _____

➡ _____

2 다음 보기와 같이 명사절을 이용하여 문장을 완성하시오.

> I wonder. + How did he learn how to play the guitar?
> ➡ I wonder how he learned how to play the guitar.

(1) I don't know. + Why did Eric leave?

➡ _____

(2) Could you tell me? + What time will she return?

➡ _____

(3) I wonder. + How far is it from Seoul to Busan?

➡ _____

(4) Do you know? + Who(m) did Sunny talk to?

➡ _____

3 주어진 문장을 읽고 명사절 접속사 that이 생략된 곳에 *V* 표시를 하시오.

(1) The population of New York City is extraordinarily diverse. Do you know forty percent of the people who live in New York City are foreign born?

(2) Experts point out a labor shortage is a serious problem that could slow down the development of our economy.

(3) I think Mr. Jones is a great teacher.

4 다음 보기와 같이 주어진 의문문을 읽고 명사절을 이용하여 문장을 완성하시오.

> Is Nancy here today?
> ➡ Can you tell me <u>if(whether) Nancy is here today</u>   ?

(1) Where can I park my car?

➡ Can you tell me _____ ?

(2) Is this cake made of wheat?

➡ We wonder _____ .

(3) How long is the movie?

➡ Do you know _____ ?

(4) Is a single room available for tonight?

➡ I'd like to know _____ .

5 다음 보기와 같이 밑줄 친 명사절을 직접의문문 또는 의문사가 있는 의문문으로 바꾸어 쓰시오.

> Could you tell me <u>why you are leaving the current job</u>?
> ➡ Why are you leaving the current job?

(1) Could you tell me <u>who owns the copyright for this book</u>?

➡ _____

(2) Could you tell me <u>if there is a drugstore nearby</u>?

➡ _____

Oral Test

Challenge 1 명사절로 쓰이는 that을 알고 있나?

that이 '주어 + 동사'와 함께 문장에서 [   ] 역할을 할 수 있어 주어, 목적어, 보어 역할을 한다. to부정사
와 마찬가지로 명사절이 주어로 쓰일 때 주어가 길어져 그 자리에 가주어 [   ]을 쓰고 모두 뒤로 보낼 수
있다. 특히 목적어 자리에 쓰이는 명사절 접속사 that은 주로 [   ] 해서 쓰기 때문에 '주어 + 동사 + 주어
+ 동사'가 연이어 나온다.

> **That** *Ryu Hyun-jin is a great baseball player* is true. 류현진이 훌륭한 야구 선수라는 것은 사실이다.
> = **It** is true **that** *Ryu Hyun-jin is a great baseball player*.
> = **The fact that** *Ryu Hyun-jin is a great baseball player* is true.
>
> **I think women can be** better politicians than men. 나는 여성들이 남성보다 더 뛰어난 정치인이 될 수 있다고 생각한다.
> S   V   S   V

Challenge 2 의문사가 있는 명사절은 어떻게 사용하는가?

(1) 의문사가 있는 명사절이 주로 문장에서 주어 또는 목적어 자리에 쓰이는데 문장 안에서 '[   ]
+ [   ] + [   ]'의 어순으로 쓴다. 의문사 자신이 주어인 경우에는 '[   ] +
[   ]'의 어순으로 쓴다.

> I want to know **where** Cindy went last night. 나는 어젯밤에 Cindy가 어디에 갔었는지를 알고 싶다.
>
> Can you tell me **who** answered the question? 누가 그 질문에 대답을 했는지 말해줄래?

(2) think, believe, guess, suppose, imagine 등과 같이 생각과 관련된 동사의 경우 [   ]를 문장 맨 앞으
로 보내고 '주어 + 동사'의 어순으로 쓴다.

> **What** do you think **the reason is**? 이유가 뭐라고 생각하니?

Challenge 3 의문사가 없을 때 명사절을 어떻게 쓰는가?

의문사가 없는 직접의문문은 [   ]나 [   ]를 이용하여 간접의문문의 어순으로 명사절을 만든
다. '~인지 아닌지'의 명사절이 문장 맨 앞에 올 경우 명사절 접속사 [   ]는 쓰지 않는다.

> I wonder **if** she will come (or not). 나는 그녀가 올지 안 올지 궁금하다.
> = I wonder **whether** she will come (or not).
> = I wonder **whether or not** she will come. (if or not은 쓸 수 없음)
>
> **Whether** they will win is still uncertain. (주어 자리에는 whether 대신 if를 쓰지 않음)
> 그들이 이길지 아닐지는 아직 확실하지 않다.

Chapter 9

85

1 다음 밑줄 친 부분이 잘못 쓰인 것은?

① Bright colors make people <u>not only</u> happier but more active.
② Neither Patrick nor his parents <u>were</u> at home.
③ There are things in the world that cannot clearly be defined <u>either</u> living or non-living.
④ What I need most is not your money <u>or</u> your affection.
⑤ You must either clean the room <u>or</u> wash the dishes.

2 주어진 글을 읽고 빈칸에 알맞은 시제를 고르시오.

> Peter and Susan _____ in the street when it started to rain.

① walked   ② are walking
③ walking   ④ were walking
⑤ will walk

3 다음 빈칸에 들어갈 말이 바르게 짝지어진 것은?

> • I like her _____ all her faults.
> • I like her _____ she has a lot of faults.

① because of - if
② if - due to
③ although - despite
④ in spite of - although
⑤ in spite of - despite

4 다음 빈칸에 공통으로 들어갈 접속사를 고르시오.

> • _____ he was late, he didn't hurry.
> • _____ it was very cold, she wasn't wearing a coat.
> • _____ it was raining, they went out.

① After   ② If   ③ Whether
④ Although   ⑤ Even if

5 다음 우리말과 뜻이 같도록 빈칸에 들어갈 말이 바르게 짝지어진 것은?

> Jessica는 이 리포트를 끝내지 못하면 휴식을 취하지 않을 거야.
> ➡ Jessica won't take a break if she _____ finish this report.
> ➡ Jessica won't take a break _____ she finishes this report.

① not - unless   ② don't - if
③ don't - unless   ④ didn't - if
⑤ doesn't - unless

6 다음 중 밑줄 친 부분과 바꿔 쓸 수 있는 것은?

> My father should go on a diet <u>since</u> he is suffering from high blood pressure.

① because   ② in addition   ③ even if
④ not only   ⑤ and

[7–8] 다음 빈칸에 공통으로 들어갈 말을 고르시오.

7

> • We believe _____ there is life on Mars.
>
> • Did you notice _____ she lost a lot of weight recently?

① that   ② if   ③ even though
④ when   ⑤ as

8

> • We wondered _____ she was really afraid of rats.
>
> • _____ she will go to Tokyo next week is not important.

① that   ② since   ③ whether
④ until   ⑤ owing to

[9–11] 다음 우리말과 일치하도록 보기에서 알맞은 접속사를 골라 빈칸에 쓰시오.

> while   until   although

9 할머니는 비록 거의 70세가 다 되셨지만, 혼자 힘으로 집을 청소하실 수 있다.

➡ _____ my grandmother is 70 years old, she can clean the house for herself.

10 나는 TV를 보면서 잠이 들었다.

➡ _____ I was watching TV, I fell asleep.

11 경찰이 다른 곳으로 갈 때까지 그 도둑은 움직이지 않고 서 있었다.

➡ The thief stayed motionless _____ the police moved away.

12 다음 두 문장의 뜻이 같도록 할 때 빈칸에 알맞은 단어는?

> Although it rained a lot, they played badminton.
> = It rained a lot, _____ they played badminton.

① but   ② and   ③ so
④ if   ⑤ because

13 다음 밑줄 친 부분 중 내용이 어색한 것은?

① Unless he is late, we will start on time.
② I failed the test. For example, my mother didn't scold me.
③ Since Tiffany is still young, she sometimes acts without thinking.
④ I haven't made a flight reservation yet. In addition, I have to extend the visa.
⑤ Write her address down, otherwise you'll forget it.

서술형 대비 문제

[1-2] 직접의문문을 간접의문문으로 바꾸어 문장을 완성하시오.

1 Do you think? + Who is in the restroom?

➡ _____

2 Do you guess? + Who will be the next president?

➡ _____

[3-5] 간접의문문을 활용하여 다음 문장을 완성하시오.

3 How old is your grandmother?

➡ I don't know _____ .

4 What is the most typical Korean dish?

➡ Could you tell me _____ ?

5 Is the movie playing?

➡ I'll check _____ .

6 괄호 안의 단어를 이용하여 사진과 일치하는 문장을 쓰시오.

(I / camping / family)

➡ If the weather is nice tomorrow, _____ .

7 다음 문장의 밑줄 친 부분에서 어색한 것을 찾아 바르게 고치시오.

We haven't met <u>neither Lisa or her brother</u> since we graduated from high school.

_____ ➡ _____

한국에만 있는 지옥. 그건 바로 입시 지옥!

Some research results indicate that stress associated with college entrance exams is negatively related to the psychological development and self-identity of adolescents, and in extreme cases it may increase the risk of mental disorders. There are many reasons why Korean students feel anxious and stressed about the exam. Many Korean people think that higher education assures a person's success in his or her life. _____, most Korean parents are concerned too much about their children's academic achievement. Young people generally become very sensitive during adolescence, and the pressure to do well on the college entrance exams and their parents' excessive expectations become extremely burdensome to them.

Chapter 9

1 What is the best title of this paragraph?

① Developmental Stages of Adolescents
② Treenagers' Sensitivity to Adults
③ The Importance of a College Education
④ Relations Between Teenagers and Their Parents
⑤ The Burden of Entering a College on Adolescents

2 Why is higher education considered important in Korea?

① It makes students responsible with their study.
② Koreans believe that it guarantees a successful life.
③ It forces the students to try harder.
④ Koreans are worried about peer pressure from other countries.
⑤ It can make students sensitive.

3. 위 글의 빈칸에 들어갈 알맞은 접속사를 고르시오.

① Nevertheless   ② In addition   ③ Therefore   ④ On the other hand   ⑤ Otherwise

A 보기와 같이 묻고 답하는 형식으로 말하기 연습을 하세요. 연습이 한 번 끝난 후 서로 역할을 바꿔 다시 말하기 연습을 하세요.

 go to the Central Park
/ ?

 Are you going to go to the Central Park later today?

I need to know if you are going to go to the Central Park later today.

 What? Sorry. I didn't hear you.

1  watch a movie on TV
/ ?

2  go to the beach / ?

B 보기와 같이 시간의 부사절을 이용하여 말하기 연습을 하세요. 연습이 한 번 끝난 후 서로 역할을 바꿔 다시 말하기 연습을 하세요.

 Jane / call her / ?
➡ swim

 What was Jane doing when you called her yesterday?

She was swimming when I called her yesterday.

1  Peter / come home / ?
➡ read a book

2  your mother / see her / ?
➡ do the laundry

출제의도 | 접속사 after와 before를 이용한 시간 표현 나타내기
평가내용 | 시간의 부사절

서술형 유형	8점
난이도	중하

A 보기와 같이 주어진 두 문장을 시간의 접속사 after와 before를 이용하여 한 문장으로 쓰시오.

> 보기 She brushed her teeth. She went to bed.
> ➡ After she brushed her teeth, she went to bed.
> ➡ She brushed her teeth before she went to bed.

1 They got married. They had a baby.

➡ _____

➡ _____

2 He succeeded. He helped poor people.

➡ _____

➡ _____

3 He learned to walk. He rode a bicycle.

➡ _____

➡ _____

4 They missed the last subway. They walked home.

➡ _____

➡ _____

평가영역	채점기준	배점
유창성(Fluency) & 정확성(Accuracy)	8개의 문장을 모두 올바른 표현과 함께 정확하게 완성한 경우 (문법, 철자가 모두 정확한 경우)	8×1 = 8점
	시간의 부사절을 만들지 못하였거나 문법, 철자가 1개씩 틀린 경우	문항당 1점씩 감점
	내용과 전혀 일치하지 않거나 답을 기재하지 못한 경우	0점

Chapter **9**

출제의도 | 조건의 부사절을 이용하여 실생활 나타내기

평가내용 | 미래를 나타내는 조건의 부사절

서술형 유형	15점
난이도	상

B 보기와 같이 주어진 질문에 대한 자신의 생각을 조건의 부사절을 이용하여 서술하시오.

> Q: What will you do if the weather is nice this weekend?
> A: If the weather is nice this weekend, I will ride a roller coaster.

<Answers will vary.>

1 Q: What will you do if it rains tonight?

A: _____

2 Q: What will you do if the weather is cold?

A: _____

3 Q: What will you do if there is no class tomorrow?

A: _____

4 Q: What will you do if you do not have homework tonight?

A: _____

5 Q: What will you do if you win the lottery?

A: _____

평가영역	채점기준	배점
유창성(Fluency) & 정확성(Accuracy)	5개의 문장을 모두 올바른 표현과 함께 정확하게 완성한 경우 (문법, 철자가 모두 정확한 경우)	5×3 = 15점
	조건의 부사절을 만들지 못하였거나 문법, 철자가 1개씩 틀린 경우	문항당 1점씩 감점
	내용과 전혀 일치하지 않거나 답을 기재하지 못한 경우	0점

출제의도 | 실생활에서 명사절 이용하기

평가내용 | 명사절 접속사

서술형 유형	7점
난이도	중하

C Philip은 오늘 그동안 좋아했던 여자를 만나게 된다. Philip이 생각하는 질문들을 보기와 같이 명사절을 이용하여 완성하시오.

 **보기** What kind of job has she got?

➡ I'd like to know <u>what kind of job she has got</u> .

1 Does she like to watch a scary movie?

➡ I wonder _____ .

2 Where does she live?

➡ I wonder _____ .

3 Is she thinking about me?

➡ I want to know _____ .

4 Does she want me to call?

➡ I wonder _____ .

5 Does she like me?

➡ I'd like to know _____ .

6 Is she going to kiss me?

➡ I wonder _____ .

7 Will these dishes suit her taste?

➡ I wonder _____ .

평가영역	채점기준	배점
유창성(Fluency) & 정확성(Accuracy)	7개의 문항을 모두 올바른 표현과 함께 정확하게 완성한 경우 (문법, 철자가 모두 정확한 경우)	7×1 = 7점
	명사절을 만들지 못하였거나 문법, 철자가 1개씩 틀린 경우	문항당 1점씩 감점
	내용과 전혀 일치하지 않거나 답을 기재하지 못한 경우	0점

Chapter **9**

Chapter 10
가정법

Unit 1 ● 현재와 미래를 나타내는 1차 가정문

If you **miss** the bus, you **will** be late. 네가 그 버스를 놓치면 지각하게 될 거야.
If you **mix** oil and water, the oil **stays** on top. 기름과 물을 섞으면 기름은 물 위에 뜬다.

1 미래에 일어날 가능성이 있는 일을 추측하거나 가정할 때 if절 안에는 현재시제를 쓰고 주절에는 미래시제를 쓴다. 미래시제는 will뿐만 아니라 미래를 나타내는 be going to 또는 조동사 등도 모두 쓸 수 있다. if가 있는 절은 조건(future conditional)을 나타내고 주절은 그 조건에 대한 결과(result)를 나타내기 때문에 조건의 부사절과 똑같다.

If she **studies** hard, she **can** pass the test. 그녀가 열심히 공부한다면 그 시험을 통과할 수 있다.

If my sister **visits** me, we**'re going to** go to the park. 내 언니가 나를 방문하면 우리는 그 공원에 갈 것이다.

If the weather **is** nice tomorrow, I **will** walk to work. 내일 날씨가 좋으면 나는 걸어서 출근할 거야.

2 일반(과학)적인 사실, 일상적인 일이나 습관 그리고 정해진 상황을 가정할 때 if절과 주절에 모두 현재시제를 쓴다. if가 있는 절은 조건(present real conditional)을 나타내고 주절은 그 조건에 대한 결과(result)를 나타낸다.

If air **expands**, it **becomes** lighter. 공기가 팽창하면 그것은 더 가벼워진다. (general fact)

If I **go** to work by car, it **takes** thirty-five minutes. 차를 타고 출근하면 35분이 걸린다. (everyday thing)

If she **hears** his name, she **gets** angry. 그녀는 그의 이름을 들으면 화가 난다. (definite thing)

기본기 탄탄 다지기

1 다음 글을 읽고 괄호 안에서 알맞은 시제를 고르시오.

(1) If I (will finish / finish) my homework soon, I can go to bed.

(2) If people sneeze, they (will close / close) their eyes.

(3) If it is sunny tomorrow, we (go / will go) shopping.

(4) They (visit / will visit) the Eiffel Tower if they go to France.

(5) If you break a nail, it (will grow / grows) back again.

(6) If you squeeze an orange, you (get / will get) orange juice.

▶지금까지 우리나라 영문법에서 가정법 현재라는 말로 현재나 미래에 대한 의심, 불확실 등을 나타내고 조건절에 직설법 현재 동사를 사용할 수 있다고 설명하는데 이는 일본식 문법을 그대로 잘못 받아들인 구식 영어이다. 현대 영어에서는 기본적으로 모두 조건의 부사절로 보고 시제나 상황에 따라 전적으로 말하는 사람의 태도나 확신의 정도, 가능성에 달려있다. 가정법 현재는 현재의 일반적인 사실, 습관, 정해진 상황을 나타낼 때 주로 현재시제를 사용하고 미래를 표현할 때는 현재시제와 미래시제 그리고 조동사를 적절히 사용한다.

Unit 2 • 가능성이 거의 없는 2차 가정문

Preview

If I **were** you, I **would drive** more carefully in the rain.
내가 너라면 빗속에서 더욱 조심히 운전할 텐데.

1 2차 가정문은 현재 시점에서 가능성(20% 미만)이 현저히 떨어지는 상황으로 현재 가능성이 희박하지만 일단 한번 말해 보는 문장이다. if절에 be동사를 쓸 경우 주어의 인칭과 수에 관계없이 be동사의 과거인 were를 쓴다. 주로 사람의 견해나 충고를 강조하기 위해 쓴다.

If - clause	main clause
If + 과거시제	**would** (의도, 소망) **could** (능력) + **동사원형** **might** (가능성)

※ if의 과거와 주절의 과거 조동사를 과거시제로 보면 안 된다. 현재나 미래에 가능성이 희박하다는 것을 나타내기 위해 현재와 거리를 둔 과거형을 쓰기로 약속했다.

If I **were** rich, I **could buy** an island. 내가 부자라면 섬을 하나 살 수 있을 텐데.

If I **knew** her phone number, I **would call** her. 내가 그녀의 전화번호를 알면 그녀에게 전화했을 텐데.

2 2차 가정문을 직설법 현재로 전환해 보면 과거가 아닌 현재나 미래의 희박한 가능성을 나타낸다는 것이 극명히 밝혀진다.

시제 : 과거 ➡ 현재   동사 : 긍정 ➡ 부정으로, 부정 ➡ 긍정으로

If she **worked** less, she **could enjoy** life more. 그녀가 일을 덜 하면 인생을 더 즐길 수 있을 텐데.
= She **can't** enjoy life because she **works** too much.

기본기 탄탄 다지기

1 다음 괄호 안에서 알맞은 것을 고르시오.

(1) If I (am / were) not ill, I could go there.

(2) If I knew his address, I (can / could) send him a letter.

(3) If she were very tall, she would be happy.
= As she isn't very tall, she (isn't / wasn't) happy.

(4) If Jane were not lazy, she could get a job.
= As Jane is lazy, she (can't / can) get a job.

(5) What (will / would) you do if you were fired all of sudden?

(6) If you eat too much, you (would / will) put on weight.

▶일상 영어에서는 be동사 were 대신 was를 쓰기도 하지만 If I were you, 가 더 자연스러운 표현으로 굳어졌다. 문법을 틀리게 만들어 눈에 띄게 하여 견해나 충고를 강조하기 위해 were를 사용하는 것이다.

If I **were** you, I would not do such a thing.

▶우리나라 영문법에서 가정법 과거라는 말로 현재 사실에 대한 반대, 또는 의심, 불확실 등을 나타낸다고 하는데 이는 일본식 영어를 잘못 받아들인 구식 영어이다.

Unit 3 • 가능성이 0%인 3차 가정문

If we **had lived** one hundred years ago, we **would have dressed** differently.
우리가 100년 전에 살았다면 옷을 다르게 입었을 것이다.

① 3차 가정문은 과거에 이미 끝나 현재와 아무런 관련이 없는 일을 말하는 사람의 심정에 따라 안타까움, 서글 픔, 아쉬움을 나타낸다. 따라서 현재 시점에서 가능성이 전혀 없는(가능성 0%) 상황을 나타낸다. 이미 과거의 지난 일을 말하므로 현재와는 아무런 관련이 없다.

If - clause	main clause
If + had + 과거분사	**would** (의도, 소망) **could** (능력)　+ have + 과거분사 **might** (가능성)

※ 과거의 일을 'had + V-ed' 형태의 과거완료형으로 나타내는 이유는 과거보다 더 이전의 과거 형태를 써서 현재에 있을 수 있는 가능성이 0%로 눈으로 확연히 알 수 있게 하기 위함이다.

If we **had gone** by car, we **would have saved** time. 우리가 자동차를 타고 갔더라면, 시간을 절약할 수 있었을 텐데.
현재 시점에서 자동차를 탈 수 있는 가능성 0%, 시간을 절약할 가능성도 0%

② 3차 가정문을 직설법으로 고치면 과거시제를 써서 현재나 미래에 단 1%의 가능성도 없다는 것이 밝혀진다.

시제 : 과거완료 ➡ 과거　　　　　　　동사 : 긍정 ➡ 부정으로, 부정 ➡ 긍정으로

If you **hadn't told** me about your experience, I **would have failed**.
너의 경험에 대해 말해주지 않았다면 나는 실패했을 것이다.
= I **didn't fail** because you **told** me about your experience.

If she **had had** some money, she **could have bought** a smartphone.
그녀가 돈이 좀 있었으면 스마트폰을 살 수 있었을 텐데.
= As she **didn't have** any money, she **couldn't** buy a smartphone.

기본기 탄탄 다지기

1 다음 괄호 안에서 알맞은 시제를 고르시오.

(1) If you had helped Rachel, she (could pass / could have passed) the test.

(2) If I won the lottery, I (would have traveled / would travel) around the world.

(3) If it had not rained yesterday, we might have gone to the movies.
　　= As it rained yesterday, we (didn't go / went) to the movies.

▶흔히 3차 가정문을 가정법 과거완료 라는 말로 과거 사실에 대한 정반대, 가정, 소망을 나타낸다고 하는데 이는 일본 문법을 그대로 받아들인 잘못된 설명이다.

1 다음 괄호 안의 동사를 알맞은 형태로 바꾸어 빈칸을 완성하시오.

(1) If I _____ (be) you, I would accept her offer.

(2) If they come early, we _____ (be able to start) the meeting on time.

(3) If I _____ (have) a car, I could have taken Cindy to the airport.

(4) What would you do if you _____ (see) an alien?

(5) If you sit in the sun, you _____ (get) burned.

(6) If you had gotten up earlier, you _____ (can / catch) the plane.

2 다음 빈칸에 알맞은 말을 쓰시오.

(1) If I knew her address, I would send her this ring.

➡ As I _____ _____ her address, I _____ _____ her this ring.

(2) As I am not a cheetah, I can't run much faster.

➡ If I _____ a cheetah, I _____ _____ much faster.

(3) I would invite all my friends if I had a house by the beach.

➡ I _____ _____ a house by the beach, so I _____ _____ all my
friends.

(4) She stays up too late every night, so she is tired every day.

➡ If she _____ _____ _____ too late every night, she _____
_____ tired every day.

3 다음 글을 읽고 괄호 안의 말을 알맞은 형태로 바꿔 1차 가정문을 만드시오.

(1) A: What are we doing this Saturday?
B: Well, if the weather is nice, we _____ (go) to the beach.

(2) If it _____ (rain) tomorrow, we'll stay at home.

(3) We _____ (watch) a DVD if there's nothing good on television.

(4) If Karen cooks, she _____ (cook) pasta. She only knows how to cook
pasta.

(5) If I don't do my homework tonight, I _____ (be) in trouble tomorrow.

4 다음 보기와 같이 주어진 문장을 3차 가정문을 이용하여 쓰시오.

> Kevin wasn't hungry, so he didn't eat anything.
> ➡ If Kevin had been hungry, he would have eaten something.

(1) We didn't go to a good restaurant, so we didn't have a better dinner.

　➡ _____

(2) I could buy the house because Nancy lent me the money.

　➡ _____

(3) The weather was terrible, so we didn't enjoy ourselves.

　➡ _____

5 다음 우리말과 뜻이 같도록 밑줄 친 부분을 고치시오.

(1) 내가 건강하다면 내 장기를 기증할 텐데.

　➡ If I <u>be</u> in good shape, I would donate my organs.　➡ _____

(2) 내가 충분한 돈이 있다면 새 스포츠카를 살 텐데.

　➡ If I <u>have</u> enough money, I'd buy a new sports car.　➡ _____

(3) 태양이 높이 떠오르면 그것은 매우 뜨겁게 된다.

　➡ If the sun rises high, it <u>will become</u> very hot.　➡ _____

(4) 사람들이 동물을 보호하지 않으면 그들은 멸종하게 될 것이다.

　➡ If people <u>wouldn't have protected</u> animals, they will become extinct.

　　　　　　　　　　　　　　　　　　　　　　　　➡ _____

6 다음 보기와 같이 주어진 문장을 이용하여 'What would you ...?'를 이용한 2차 가정문을 완성하시오.

> Perhaps one day somebody will give you a lot of money.
> ➡ What would you do if someone gave you a lot of money?

(1) Perhaps one day a millionaire will ask you to marry him or her.

　➡ _____

(2) Perhaps one day you will lose your smartphone in a restaurant.

　➡ _____

Oral Test

Challenge 1 1차 가정문이 무엇인가?

1차 가정문은 [   ]와 [   ]를 가정한다. if절 안에는 [   ] 시제를 쓰고 주절에는 [   ] 시제를 쓴다. 일반적인 사실이나 일상적인 일, 습관 등은 if절과 주절에 모두 [   ] 시제를 쓴다.

If I *see* Tiffany tomorrow, I *will ask* her phone number. 내가 내일 Tiffany를 보게 되면, 그녀의 전화번호를 물어볼 거야.

If you *touch* a fire, you *get* burned. 불에 손을 대면 손을 델 거야.

You *get* water if you *mix* hydrogen and oxygen. 수소와 산소를 결합하면 물이 될 거야.

Challenge 2 2차 가정문이 무엇인가?

(1) 2차 가정문은 현재 시점에서 20% 미만의 낮은 가능성을 말할 때 쓴다. if절 안의 동사는 [   ] 시제를 쓰고 주절에 조동사는 반드시 [   ]형을 쓴다. be동사는 [   ]를 쓴다.

If I *were* a doctor, I *could* save a lot of people. 내가 의사라면 많은 사람들을 구할 텐데.

(2) 2차 가정문을 직설법 현재로 고칠 때 과거시제는 [   ] 시제로 고치고, 긍정문은 [   ]문으로, 부정문은 [   ]문으로 고친다.

If she *were* in Seoul, she *would visit* my brother. 그녀가 서울에 있다면 내 남동생을 방문할 텐데.
= As she *isn't* in Seoul, she *doesn't visit* my brother.

Challenge 3 3차 가정문이 무엇인가?

(1) 3차 가정문은 현재 시점에서 과거에 이미 끝나 현재 발생할 가능성이 O%인 상황을 나타낸다. If절 안의 동사는 [   ] 형태로 쓰고, 주절에는 '조동사 과거 + [   ]'로 쓴다.

If the weather *had been* cold, we *couldn't have gone* to the amusement park.
날씨가 추웠더라면, 우리는 놀이공원에 갈 수 없었을 텐데.

(2) 3차 가정문을 직설법 과거로 고칠 때 과거완료 시제는 [   ] 시제로 고치고, 긍정문은 [   ]문으로, 부정문은 [   ]문으로 고친다.

If it *had not snowed* yesterday, we *would have gone* out. 어제 눈이 오지 않았다면 우리는 외출할 수 있었을 텐데.
= As it *snowed* yesterday, we *didn't go* out.

Unit 4 • wish + 과거시제 / 과거완료 시제

I **wish** I **could** speak English. 영어를 할 수 있으면 좋겠다.
Now she **wishes** she **had gone** to university. 이제야 그녀는 대학에 다녔었더라면 좋았을 걸 하고 생각한다.

① 'wish + 주어 + 과거시제'는 현재나 미래에 대한 소망을 나타낸다. 현재의 상황에서 가능성(20% 이하)이 현저히 낮기 때문에 현실에서 거리감을 둔 과거시제를 쓰는 것이다. 'wish + (that) + 주어 + 과거시제'에서 that은 거의 생략해서 쓴다.

I **wish** (that) I **spoke** Italian. 이탈리아어를 말할 수 있으면 좋겠는데. ➡ (But I can't speak Italian.)
I **wish** it **wasn't** raining. 비가 오지 않으면 좋겠다. ➡ (But it is raining.)

② 이미 지난 과거 상황에 대해 소망하거나 유감을 나타낼 때 'wish + 주어 + 과거완료 시제'를 쓴다. wish 뒤의 that절에 과거완료 시제(had + V-ed)를 쓰는 이유도 과거에 이미 끝나 현재나 미래에 단 1%의 가능성도 없기 때문이다. 단지, 과거에 대해 후회하거나 소망한 일을 푸념하듯 말해 보는 것이다.

I **wish** (that) I **had listened** to you. 나는 네 말을 들었어야 했는데.
➡ I am sorry (that) I **didn't listen** to you.

I **wish** I **had not told** my father a lie. 아빠한테 거짓말을 하지 않았다면 좋았을 걸.
➡ I regret that I **told** my father a lie.

기본기 탄탄 다지기

1 주어진 우리말과 뜻이 같도록 괄호 안의 동사를 알맞은 형태로 바꾸어 쓰시오.

(1) 주말마다 일할 필요가 없으면 좋겠다.
➡ I wish I _____ (not / have to work) on weekends.

(2) 내가 시골에 산다면 좋겠는데.
➡ I wish I _____ (live) in the country.

(3) Sunny가 내 여자 친구였다면 좋았을 텐데.
➡ I wish Sunny _____ (be) my girlfriend.

(4) 그들은 어렸을 때 더 열심히 공부했더라면 좋았겠다고 생각한다.
➡ They wish they _____ (study) harder when they were young.

▶2차 가정문과 마찬가지로 주어의 인칭에 관계없이 be는 were를 쓴다.
I wish it were my wedding day.

▶미래에 일어날 일에 대한 소망은 will 대신 would를, be going to 대신 was/were going to를 쓴다.
I wish she were going to wash her feet.
We wish he would come here.

▶'I wish I could ~'는 내가 했으면 하는 소망을 나타내고 'I wish you would/wouldn't ~'는 다른 사람이 미래에 해주길 바라는 소망을 타나낸다. 'I wish I would ~'의 표현은 쓰지 않는다.
I wish I could speak Chinese.
I wish you would clean up your room.

Unit 5 • as if(though) + 과거시제 / 과거완료 시제

Preview

She acts **as if** she **were** a movie star. 그녀는 마치 영화배우인 것처럼 행동한다.
She acts **as if** she **had been** a movie star. 그녀는 왕년에 무슨 영화배우였던 사람처럼 행동한다.

① as if(though)는 '(사실은 그렇지 않지만) 마치 ~인 것처럼'의 뜻으로 말하는 시점과 같을 때는 as if(though)절 안의 동사를 과거시제로 쓰고 be동사는 인칭에 관계없이 were를 쓴다. 말하는 시점보다 더 이전의 일을 가정하고 있으면 과거완료 시제(had + V−ed)를 쓰고 '마치 ~이었던 것처럼'으로 해석한다.

She *talks* **as if** she **were** a queen. 그녀는 현재 여왕인 것처럼 말한다. (현재 = 현재)

She *walks* **as if** she **were** a super model. 그녀는 현재 슈퍼모델인 것처럼 걷는다. (현재 = 현재)

She *talks* **as if** she **had been** a queen. 그녀는 전에 여왕이었던 것처럼 말한다. (현재보다 과거)

She *walked* **as if** she **had been** a supper model. 그녀는 전에 마치 슈퍼모델이었던 것처럼 걸었다. (과거보다 더 과거)

기본기 탄탄 다지기

1 다음 글을 읽고 괄호 안에 알맞은 것을 고르시오.

(1) She speaks as though she (were / had been) my sister. In fact, she isn't my sister.

(2) He talks as if he (had known / knew) Steve. In fact, he doesn't know him.

(3) Dad treats me as if I (were / had been) a child. In fact, I'm not a child.

(4) They talked as if they (had visited / visited) London. In fact, they hadn't visited London.

(5) She looks as if she (had taken / took) a shower with her clothes on. In fact, she didn't take a shower with her clothes on.

(6) He talks as if he (were / had been) Paris. In fact, he has never been there.

▶ as if(though)절 안에 과거나 과거완료를 쓰면 '100% 아닌데 그런 척 한다'는 뜻이고 as if절 안에 현재시제 또는 will, be going to를 쓸 경우 글자 그대로 현실에 가까운 느낌을 주어 '그럴 가능성이 있는데 확실히 모른다'라는 의미가 내포되어 있다.

It looks as if it **is going to** rain.
➡ The weather looks like it might rain, but I don't know if it really will rain.

He looks as if he **is** a soccer player.
➡ He looks like a soccer player, but I don't know if he really is a soccer player.

Unit 6 • if를 사용하지 않는 가정법

But for water and air, we **could** not **survive**. 물과 공기가 없다면 우리는 생존할 수 없을 거야.
= **If it were not for** water and air, we **could** not **survive**.
= **Were it not for** water and air, we **could** not **survive**.

1 '~이 없다면'의 뜻을 가진 가정법 표현들

	If - clause	main clause
지금 현재 있는 것이 없다고 가정	**If it were not for** = Were it not for = But for / Without	**would** **could** + 동사원형 **might**
과거에 있었던 것이 없었다고 가정	**If it had not been for** = Had it not been for = But for / Without	**would** **could** + have + 과거분사 **might**

※ If절이 과거이면 주절도 조동사 과거, 과거완료이면 주절도 '조동사 과거 + have + V-ed'로 일치시킨다.

Without(But for) science, our lives **would be** less convenient. 과학이 없다면, 우리들의 삶은 덜 편리했을 것이다.
= **If it were not for** science, our lives **would be** less convenient.

Without(But for) your advice, I **would have failed**. 네 충고가 없었다면 나는 실패했을 것이다.
= **If it had not been for** your advice, I **would have failed**.

2 if절의 동사가 were, should, had인 경우 if를 생략할 수 있는데 이때 주어와 (조)동사의 위치가 서로 바뀌어 도치된다.

Were he wise, he wouldn't do such a thing. 그가 현명하다면 그런 일은 하지 않을 것이다.
= If he were wise

기본기 탄탄 다지기

1 밑줄 친 부분을 if로 시작하는 부사절로 완성하시오.

(1) Without your help, I could not succeed.
➡ _____, I could not succeed.

(2) But for my parents, I couldn't have gotten a good education.
➡ _____, I couldn't have gotten
a good education.

(3) Should a war break out, I will fight to defend my country.
➡ _____, I will fight to defend my country.

break out (질병, 전쟁 등이) 발발하다
defend v. 방어하다

서술형 기초 다지기 ❷

1 다음 보기와 같이 wish를 이용하여 현재의 소망을 나타내는 문장을 완성하시오.

> Laura doesn't have a smartphone.
> ➡ She wishes she had a smartphone.

(1) I'd love to live in Australia.

➡ _____

(2) I have to go to school on Saturdays.

➡ _____

(3) I'm sorry he doesn't brush his teeth.

➡ _____

(4) I'm not allowed to go out after 9 o'clock.

➡ _____

(5) I'd love to speak more languages.

➡ _____

2 다음 상황을 읽고 보기와 같이 wish를 이용하여 과거의 소망을 나타내는 문장을 만드시오.

> I regret that we didn't take a taxi last night.
> ➡ I wish we had taken a taxi last night.

(1) I regret that I didn't complete my homework yesterday.

➡ _____

(2) My grandma didn't finish elementary school and now she regrets it.

➡ _____

(3) I didn't read many good books in my school days and now I regret it.

➡ _____

(4) Jane has painted the door blue. Now she thinks that it doesn't look very good.

➡ _____

3 다음 보기와 같이 빈칸에 알맞은 말을 써 넣으시오.

> She talks as if she were rich_____. (In fact, she isn't rich.)

(1) We are close _____. (In fact, we aren't twins.)

(2) I feel _____. (In fact, I'm not floating in the air.)

(3) Mary talked _____. (In fact, she hadn't seen a ghost.)

(4) He lives _____. (In fact, he isn't a millionaire.)

(5) The landlady acts _____. (In fact, she knew me.)

(6) She treats me _____. (In fact, I'm not her younger brother.)

4 다음 보기와 같이 생략된 if를 다시 써 넣어 문장을 다시 쓰시오.

> Were he my boyfriend, I would be happy.
> ➡ If he were my boyfriend, I would be happy._____

(1) Had they realized the danger, they would have done it differently.

➡ _____

(2) But for water, nothing could live.

➡ _____

(3) Should it rain, he would not start.

➡ _____

(4) Without your advice, I would have lost all my money.

➡ _____

(5) Had he been better prepared, he would have gotten the job.

➡ _____

(6) But for your help, we wouldn't have been alive.

➡ _____

Oral Test

Challenge 1 wish를 이용한 가정법은 언제 사용하는가?

'wish + (that) + 주어 + [   ] 시제'는 현재나 미래에 이루기 힘든 소망을 나타내고, 'wish + (that) + 주어 + [   ] 시제'는 과거에 이미 끝나 현재에 가능성이 O%이지만 과거 일에 후회하거나 소망한 일을 푸념하듯 말한다.

> I **wish** I **could** see her more often. 나는 그녀를 좀 더 자주 볼 수 있으면 좋겠다.
> (I'm sorry I can't see her more often.)
>
> I **wish** I **had studied** harder at school. 학창 시절에 공부를 더 열심히 했더라면 좋았을 텐데.
> (I regret that I didn't study harder at school.)

Challenge 2 as if(though) 가정법은 언제 사용하는가?

as if 다음에 동사의 [   ] 시제가 오면 현재의 사실과 반대되는 내용을 가정하여 '실제로 그렇지 않지만 그런 척 한다'는 뜻이 되고, as if 다음에 동사의 [   ] 시제가 오면 말하는 시점보다 더 이전 과거의 일을 나타내어 '마치 ~이었던 것처럼'으로 해석한다.

> She *acts* **as if** she **were** an idol singer. 그녀는 현재 마치 아이돌 가수인 것처럼 행동한다.
> She *acted* **as if** she **were** an idol singer. 그녀는 과거 당시에 마치 유명인사인 것처럼 행동했다.
> She *acts* **as if** she **had been** an idol singer. 그녀는 전에 마치 아이돌 가수였던 것처럼 현재 행동한다.
> She *acted* **as if** she **had been** an idol singer. 그녀는 그 이전에 마치 아이돌 가수였던 것처럼 행동했다.

Challenge 3 if가 생략될 때는 언제인가?

(1) '[   ]'는 현재 있는 것이 없다고 가정할 때 쓰고, Without이나 But for로 바꾸어 쓸 수 있다. '[   ]'는 과거에 있었던 것이 없었다고 가정할 때 쓰고, 마찬가지로 Without이나 But for로 바꾸어 쓸 수 있다.

> **If it were not for** music, our life **would be** boring. 음악이 없다면, 우리 인생은 따분할 것이다.
> = **Were it not for** music, our life **would be** boring.
> = **But for/Without** music, our life **would be** boring.
>
> **If it had not been for** your goal, we **would have lost** the game. 너의 골이 없었더라면, 우리는 게임에 졌을 거야.
> = **Had it not been for** your goal, we **would have lost** the game.
> = **But for/Without** your goal, we **would have lost** the game.

(2) If절의 동사가 [   ], [   ], [   ]인 경우 if를 생략할 수 있다. 이때 주어, 동사의 위치가 서로 바뀌게 된다.

> **Had I known**, I wouldn't have bought it. 내가 알았으면 그걸 사지 않았을 텐데.
> = **If I had known**, I wouldn't have bought it.

1 다음 두 문장의 의미가 같도록 빈칸에 알맞은 단어를 고르시오.

> If it were not for water, nothing could live.
> = _____ water, nothing could live.

① Unless ② If ③ But if
④ But for ⑤ With

2 다음 글을 읽고 빈칸에 들어갈 말로 바르게 짝지어진 것을 고르시오.

> Scott is thinking of buying a new laptop. Jane thinks the laptop is not good. She says: I _____ it if I _____ you.

① won't buy - am
② won't buy - were
③ wouldn't buy - were
④ wouldn't buy - have been
⑤ wouldn't have bought - had been

3 다음 중 어법상 어색한 문장을 고르시오.

① If she got the job, how much would she earn?
② What would you do if you found out that your brother were a thief?
③ I wish I had chosen another day for the picnic.
④ Had I known you were coming, I would have prepared some food.
⑤ If I hadn't met a good English teacher, I would not had become interested in English.

4 다음 빈칸에 들어갈 말로 알맞은 것은?

> In fact, he isn't a real police officer. But he acts as if he _____ a real police officer.

① does ② were ③ is
④ has been ⑤ could have been

5 다음 문장과 뜻이 같은 것을 고르시오.

> As he doesn't know what kind of books she likes, he can't choose easily.

① If he knew what kind of books she likes, he could choose easily.
② If he had known what kind of books she likes, he could have chosen easily.
③ If he had known what kind of books she likes, he could choose easily.
④ If he knows what kind of books she likes, he will choose easily.
⑤ If he knew what kind of books she likes, he could have chosen easily.

6 다음 가정법 문장을 직설법 문장으로 바르게 바꾼 것은?

> Kevin talks as if he had found the solution.

① In fact, Kevin doesn't find the solution.
② In fact, Kevin finds the solution.
③ In fact, Kevin didn't find the solution.
④ In fact, kevin found the solution.
⑤ In fact, Kevin hadn't found the solution.

7 다음 밑줄 친 부분과 바꿔 쓸 수 있는 것을 <u>모두</u> 고르시오.

> <u>Without</u> his help, I couldn't have solved the puzzle.

① But for
② If it were for
③ If it had been for
④ If it were not for
⑤ If it had not been for

8 다음 빈칸에 알맞은 것을 고르시오.

> I'm sorry that I didn't take you to the amusement park. I wish I _____ you there.

① take
② took
③ don't take
④ didn't take
⑤ had taken

9 빈칸 (A), (B)에 알맞은 말이 바르게 짝지어진 것은?

> If we (A)_____ television about thirty years ago, we (B)_____ so much time talking with our family. And we wouldn't have enjoyed running and playing outdoors together, and fishing in the river together with our friends.

	(A)	(B)
①	would have	would not spend
②	had had	wouldn't have spent
③	have not	won't have spent
④	have	won't have spent
⑤	could have	could spend

10 다음 우리말에 맞는 be동사의 알맞은 형태는?

> 그녀는 마치 미국인처럼 영어를 말한다.
> = She speaks English as if she _____ American.

① is
② are
③ am
④ had been
⑤ were

11 다음 빈칸에 공통으로 들어갈 말로 알맞은 것은?

> • If I _____ enough money, I could buy that computer.
> • I wish you _____ hope whatever happens.

① has
② have
③ had had
④ had
⑤ have had

12 다음 우리말과 뜻이 같도록 빈칸에 알맞은 것을 고르시오.

> 너의 현명한 충고가 없었다면 나는 절대 대학에 가지 못했을 거야.
> = But for your wise advice, I _____ to university.

① might never have gone
② might not go
③ didn't go
④ must go
⑤ might have gone

서술형 대비 문제

1 우리말과 같은 뜻이 되도록 밑줄 친 동사를 알맞은 형태로 바꾸시오.

당신이 제 입장이라면 어떻게 하시겠습니까?

= If you <u>be</u> in my position, what would you do?

➡ _____

2 주어진 문장을 if를 생략한 문장으로 다시 쓰시오.

If I hadn't realized you needed help, I couldn't have helped you.

➡ _____

3 다음 두 문장의 의미가 같도록 빈칸을 완성하시오.

I wish I had accepted my friend's sincere advice then.

= I'm sorry that I _____ _____ my friend's sincere advice then.

4 다음 우리말을 영작하시오.

만일 내일 비가 온다면, 우리는 소풍을 가지 않을 것이다. (go on a picnic)

➡ _____

5 다음 두 문장의 의미가 같도록 문장을 완성하시오.

In fact, she doesn't know the password.

= She talks as if she _____ the password.

Grammar in Reading

신발 벗지 마! 여기 있는 사람 다 죽일 작정이야?

This happened when I stayed in Korea. Once I was invited to the house of one of my Korean friends. Since I knew that foreigners rarely get such invitations, I felt very honored and grateful when I visited the house. I brought a bouquet of flowers for the wife of my friend, and some candies for their children. When I came in, my friend, his wife, and their two children welcomed me. But as I stepped in, they were suddenly stunned. The hostess (a) was shocked / was shocking enough to forget breathing. The host was so surprised that he didn't say anything; the children looked offended. I knew I did something wrong, but I had no idea what (b) was the problem / the problem was . Later, I learned that I should have taken off my shoes. How could I know it? In my country, people usually do not take their shoes off when going into a house. The evening could have been much more pleasant if I (c) had known / knew their custom better. After that night, I never got another invitation from them.

1 What is the main idea of this paragraph?

① People and Law ② Importance of Communication ③ Cultural Difference
④ Global Villages ⑤ Problems of Modern Society

2 (a), (b), (c) 각 네모 안에서 어법상 적절한 것끼리 짝지은 것은?

	(a)	(b)	(c)
①	was shocking	the problem was	knew
②	was shocking	was the problem	knew
③	was shocking	the problem was	had known
④	was shocked	was the problem	had known
⑤	was shocked	the problem was	had known

A 보기와 같이 2차 가정문을 이용하여 묻고 답하는 형식으로 말하기 연습을 하세요. 연습이 한 번 끝난 후 서로 역할을 바꿔 다시 말하기 연습을 하세요.

I've put on 10kg since Christmas.

➡ go on a diet

I've put on 10kg since Christmas.

If I were you, I would go on a diet.

1

I always miss the school bus.

➡ wake up earlier in the morning

2

I was very rude to Tom this morning.

➡ apologize to him

 B 보기와 같이 wish 가정법을 이용하여 말하기 연습을 하세요. 연습이 한 번 끝난 후 서로 역할을 바꿔 다시 말하기 연습을 하세요.

Nancy

➡ walk down the beach

What does Nancy wish for?

She wishes she walked down the beach.

1

Su-ji

➡ speak English better

2

William

➡ his children / not ask him for money all the time

실전 서술형 평가 문제

출제의도 | 3차 가정문을 이용한 문장 완성하기
평가내용 | 3차 가정법 (가정법 과거완료)

서술형 유형	12점
난이도	중

 A Peter는 지난 과거의 일을 회상하고 있다. 보기와 같이 3차 가정문을 이용하여 문장을 다시 서술하시오.

> **보기** I wanted to buy the big house, but I didn't have the money.
> ➡ If he had had the money, he could/would have bought the big house.

1 I wanted to be an actor, but I didn't have enough talent.

➡ _____

2 I wanted to go the university, but my parents didn't have the money.

➡ _____

3 I asked Cindy to marry me, but she didn't like me enough.

➡ _____

4 I wanted to build a school, but I wasn't rich.

➡ _____

5 My uncle left a will, and I became a millionaire.

➡ _____

6 I became a millionaire, and Cindy married me.

➡ _____

평가영역	채점기준	배점
유창성(Fluency) & 정확성(Accuracy)	6개의 문장을 모두 올바른 표현과 함께 정확하게 완성한 경우 (문법, 철자가 모두 정확한 경우)	6×2 = 12점
	3차 가정문을 만들지 못하였거나 문법, 철자가 1개씩 틀린 경우	문항당 1점씩 감점
	내용과 전혀 일치하지 않거나 답을 기재하지 못한 경우	0점

출제의도 | 지나간 일을 후회하며 나타내기

평가내용 | I wish + 가정법

서술형 유형	7점
난이도	중

B Philip과 Sandra는 어제 파티에서 만난 뒤 각자 돌아와서 다음과 같이 생각하며 후회하고 있다. 보기와 같이 'I wish + 가정법'을 이용하여 두 사람의 생각을 써 보시오.

Philip says to himself:

> 보기 I didn't give her my phone number.
> ➡ I wish I had given her my phone number.

1 I didn't ask her what her last name was.

➡ _____

2 I told her that she looked ugly.

➡ _____

3 I didn't ask her to dance with me.

➡ _____

Sandra says to herself:

4 I didn't tell him my last name.

➡ _____

5 I wasn't very friendly with him.

➡ _____

6 I told him I was tired.

➡ _____

7 I didn't give him a chance.

➡ _____

평가영역	채점기준	배점
유창성(Fluency) & 정확성(Accuracy)	7개의 문장을 모두 올바른 표현과 함께 정확하게 완성한 경우 (문법, 철자가 모두 정확한 경우)	7×1 = 7점
	I wish 가정문을 만들지 못하였거나 문법, 철자가 1개씩 틀린 경우	문항당 1점씩 감점
	내용과 전혀 일치하지 않거나 답을 기재하지 못한 경우	0점

실전 서술형 평가 문제

출제의도 | 1차 가정문을 이용하여 과학적 사실과 일상적인 일 나타내기
평가내용 | 1차 가정문

서술형 유형	8점
난이도	하

C 보기와 같이 1차 가정문 if를 이용하여 주어진 문장을 다시 쓰시오. (시제에 유의할 것)

 It's usually very hot in the summer. Plants need lots of water.

➡ If it is very hot in the summer, plants need lots of water.

1  Water reaches boiling point. Then, it changes into steam.

➡ _____

2  Sometimes you throw an apple into the air. Then, gravity pulls it back to the earth again.

➡ _____

3  She sometimes feels really tired. Then, she usually listens to K-pop music.

➡ _____

4  Sometimes the temperature reaches -15°C. Then, the lake freezes.

➡ _____

평가영역	채점기준	배점
유창성(Fluency) & 정확성(Accuracy)	4개의 문장을 모두 올바른 표현과 함께 정확하게 완성한 경우 (문법, 철자가 모두 정확한 경우)	4×2 = 8점
	1차 가정문을 만들지 못하였거나 문법, 철자가 1개씩 틀린 경우	문항당 1점씩 감점
	내용과 전혀 일치하지 않거나 답을 기재하지 못한 경우	0점

Chapter 11
일치와 화법

Unit 1 ● 주어와 동사의 일치 – 단수

Preview

Every student **has** a smartphone.
모든 학생들이 스마트폰을 갖고 있다.

To live in the city **is** very convenient.
도시에서 사는 것은 매우 편하다.

① 부정사(구), 동명사(구), 명사절이 주어가 되면 동사는 항상 단수 취급한다. each, every, −thing, −one, −body 등도 단수 동사로 일치시킨다.

Riding a bicycle without a helmet **is** dangerous. 헬멧 없이 자전거 타는 것은 위험하다.
That sports are good for children **is** a well-known fact. 운동이 아이들에게 좋다는 것은 잘 알려진 사실이다.
Every boy and *every* girl **wants** to see the movie. 모든 소년 소녀들이 그 영화를 보고 싶어 한다.
Each of the subjects in a sentence **has** to agree with its verb. 각각의 문장에서 주어는 그것의 동사와 일치시켜야 한다.

② 시간, 거리, 돈, 무게, 그리고 양을 나타내는 명사는 복수형이라 하더라도 하나의 단위로 여기기 때문에 단수 취급하고, 학문의 분야(economics, mathematics, physics, linguistics, ethics, fine arts)는 복수 명사처럼 보이지만 단수 동사를 쓴다. 'The number of + 복수 명사'는 '그 수'라는 뜻으로 the number가 주어가 되어 단수 취급한다.

The number of cars in Seoul **is** increasing rapidly. 서울의 자동차 수가 빠르게 증가하고 있다.
Ten years **is** a long time for me to wait for her. 10년은 내가 그녀를 기다리기에 긴 시간이다.
Politics **is** a very difficult subject. 정치학은 매우 어려운 과목이다.

기본기 탄탄 다지기

1 다음 괄호 안에서 알맞은 것을 고르시오.

(1) The number of my friends taking the class (are / is) twenty.

(2) Mathematics (is / are) an easy subject for me.

(3) Everyone (want / wants) something from us.

(4) Swimming and biking (is / are) my favorite sports.

(5) Whether you can speak English well or not (are / is) not important.

(6) Swimming in the river (is / are) not easy to me.

(7) Thirty dollars a week (are / is) not a small sum for a student.

▶ 'One of + 복수 명사'가 주어로 쓰일 때 단수 취급한다.
One of the women **was** the first to speak.

▶ 국가명과 같은 고유명사에 −s가 붙어 복수처럼 보이는 명사도 단수 취급하여 단수 동사를 쓴다.
the United States 미국
the Philippines 필리핀
the Netherlands 네덜란드
the Maldives 몰디브
The Philippines **consists** of more than 7,000 islands.

▶ 질병을 나타내는 단어도 −s로 끝나지만 단수 취급한다. news(뉴스, 보도)도 항상 단수 취급한다.
diabetes(당뇨병), measles(홍역), rabies(광견병), rickets(구루병)
Diabetes **is** an illness.

Some of the *shops* **are** still open. 가게들 중 몇몇은 아직 열려 있다.
The team **were** having dinner after the game. 그 팀원들은 경기 후에 저녁을 먹고 있었다.

① 명사가 and로 연결되거나 Both A and B, Both (of the) + 복수 명사로 연결되어 주어 역할을 할 때는 복수 취급하여 복수 동사를 쓴다. 'A number of + 복수 명사'는 a number of가 many의 뜻으로 뒤에 있는 명사를 수식해 주는 형용사 역할을 한다. 따라서 주어가 복수이므로 동사도 복수 동사를 쓴다.

Both my brother *and* sister **live** in Seattle. 내 남동생과 여동생은 둘 다 시애틀에서 살고 있다.
A number of students **were** late for class. 많은 학생들이 수업에 지각했다.
Joshua *and* I **are** good friends. Joshua와 나는 좋은 친구사이이다.

② 부분을 나타내는 'all(most, half, some, percent, the rest, 분수) of the + 명사'는 of 뒤에 있는 명사가 단수이면 단수, 복수이면 복수 동사를 쓴다. 'all + (the) 복수 명사'는 복수 동사를 쓰고 'all of the + 명사'는 명사의 단수 또는 복수에 따라 동사의 수를 결정한다. 'the + 형용사'는 '~인 사람들'이란 뜻의 복수 명사이므로 동사도 복수형을 쓴다.

Most of the river **has** dried up. 그 강의 대부분이 말라버렸다.
All of the girls **are** listening to K-pop music. 그 소녀들은 모두 케이팝 음악을 듣고 있다. (= All the girls are ~)
All of my work **is** finished. 내 모든 일이 끝났다.
Three-fourths of the Earth's surface **is** water. 지구 표면의 3/4이 물이다.
The poor **are** not always unhappy. 가난한 사람들이 항상 불행한 것은 아니다.

기본기 탄탄 다지기

1 다음 괄호 안의 표현 중 알맞은 것을 고르시오.

(1) Almost all of the books (is / are) history books.

(2) Some of the water (is / are) in the glass.

(3) A number of people (is / are) demonstrating.

(4) Both of the girls (are / is) in traditional costumes.

(5) Only twelve percent of American homes (have / has) cats.

(6) Most of the movie (was / were) interesting.

▶the people, the police, the jury(배심원), the nobility(귀족), the crew(승무원), cattle(소)은 –s로 끝나지 않지만 복수 취급하여 동사도 복수형을 쓴다.
Cattle **are** standing under the tree.

▶and로 연결되더라도 하나로 합쳐져 동일인이나 사물을 나타내면 단수 동사를 쓴다.
The teacher and writer **is** famous among girls. (한 명)
The teacher and the writer **are** famous among girls. (두 명)
Bread and butter **is** nutritious. (버터 바른 빵)

Unit 3 • 시제의 일치

I think (that) she **is** pretty.
나는 그녀가 예쁘다고 생각한다.

I thought (that) she **was** pretty.
나는 그녀가 예쁘다고 생각했다.

1 주절의 동사와 종속절의 동사의 시제에 관한 일치를 시제 일치라고 한다. 주절의 동사가 현재, 현재완료, 미래인 경우 종속절에는 모든 시제를 다 쓸 수 있다.

주절의 시제		종속절의 시제
현재, 현재완료, 미래	➡	모든 시제가 다 올 수 있음

We **know** that he **lives** in Tokyo. 우리는 그가 도쿄에 살고 있다는 것을 안다.

We **have known** that he **will go** to Tokyo. 우리는 그가 도쿄에 갈 거라는 것을 알게 되었다.

Tom **will know** that he **lived** in Tokyo. Tom은 그가 도쿄에 살았다는 것을 알게 될 거다.

We **know** that he **has gone** to Tokyo. 우리는 그가 도쿄에 갔다는 것을 안다.

2 주절의 시제가 과거인 경우 종속절의 시제는 과거나 과거완료가 되어야 한다.

주절의 시제		종속절의 시제
과거, 과거완료	➡	과거, 과거완료

Wilson **knew** that you **would pass** the test. Wilson은 네가 시험에 합격하리라고 알고 있었다.

She **had explained** to us that it **was** important. 그녀는 그것이 중요하다고 설명했다.

The doctor **was asking** him if he **had** a fever. 의사가 그에게 열이 있는지 묻고 있었다.

Susan **promised** that she **would help** me in the afternoon. Susan은 오후에 나를 도와줄 거라고 약속했다.

기본기 탄탄 다지기

1 다음 괄호 안의 시제 중 알맞은 것을 고르시오.

(1) We wondered if she (do / had done) the work.

(2) People supposed that Yu-na Kim (win / could win) a gold medal.

(3) Tiffany (is / was) calling when I left for the airport.

(4) Nobody knows what (can / could) happen in the future.

(5) She never thought that she (will / would) see the ghost again.

▶주절의 시제가 과거일 때 종속절의 현재시제는 과거로, will과 must는 각각 would와 had to로, 현재완료는 과거완료로, 과거도 과거완료로 시제를 일치시켜야 한다.

I *think* she **will be** busy.
➡ I *thought* she **would be** busy.
I *think* she **has been** busy.
➡ I *thought* she **had been** busy.
I *think* she **was** busy.
➡ I *thought* she **had been** busy.
I *think* you **must** apologize to her.
➡ I *thought* you **had to** apologize to her.

서술형 기초 다지기 ❶

1 다음 빈칸에 괄호 안의 동사를 알맞게 변형하여 쓰시오.

(1) All the students _____ (eat) lunch together in the cafeteria.

(2) Everyone _____ (have / do) his or her homework.

(3) Reading a book _____ (make) me fall asleep.

(4) One of my friends _____ (live) in London with her husband.

(5) The number of people who go to university _____ (be) increasing.

(6) A number of people in Korea _____ (be) going abroad to study English.

(7) The Philippines _____ (be) located in Southeast Asia.

(8) Today's main news _____ (be) about typhoons and floods in Korea.

(9) Economics _____ (be) one of her majors at college.

(10) 40 percent of all homes in the U.S. _____ (have) dogs.

(11) Half of the students in the class _____ (be) foreign students.

(12) Both Kelly and Lisa _____ (have) the plan to go camping.

(13) Two thirds of my books _____ (be) novels.

(14) No one knows the number of the population _____ (have) been remarkably increasing.

(15) Ten miles _____ (be) a very long distance to walk.

(16) *Hansel and Gretel* _____ (be) the title of a German fairy tale.

(17) The Netherlands _____ (be) rich in natural resources.

2 주어진 문장을 다음과 같이 바꾸어 쓸 때 빈칸에 알맞은 말을 쓰시오.

(1) Su-jin says that she needs to go to the department store.

➡ Su-jin said that she _____.

(2) I think Philip has been busy.

➡ I thought Philip _____.

(3) We think she is going to arrive at noon.

➡ We thought she _____.

(4) Steve suggests that he can teach me how to play the guitar.

➡ Steve suggested that he _____.

3 다음 문장의 종속절에서 어법상 <u>어색한</u> 부분을 찾아 바르게 고치시오.

(1) He says that he sees me at the park yesterday. ➡ _____

(2) The nurse told me that I have a cold. ➡ _____

(3) I thought that you must take charge in the project. ➡ _____

4 다음 우리말과 일치하도록 괄호 안의 동사를 알맞은 시제로 고쳐 쓰시오.

(1) 그는 그녀가 어제 치과에 갔다는 것을 안다.

➡ He knows that she _____ (go) to the dentist yesterday.

(2) 우리는 그녀에게 왜 좀 더 일찍 전화하지 않았었는지를 물었다.

➡ We asked her why she _____ (not / have) telephoned earlier.

(3) 그는 그녀가 탐정이었다고 말한다.

➡ He says that she _____ (be) a detective.

(4) 나는 그가 여기에 곧 올 거라고 생각한다.

➡ I think he _____ (be) here soon.

Oral Test

Challenge 1 어떤 것이 주어일 때 단수 취급하는가?

(1) 명사절, 부정사(구), 동명사(구), each, −every, −thing, −one, −body 등이 주어로 쓰일 때 동사는 반드시
[   ]형을 쓴다.

That human beings can think **is** another matter. 인간이 생각할 수 있다는 것은 또 다른 문제이다.
Every man, woman, and child **needs** love. 모든 남자와 여자, 그리고 아이들도 사랑이 필요하다.

(2) 'The number of + 복수 명사'와 학문의 분야, 그리고 시간, 거리, 돈, 무게, 양을 나타내는 표현이 주어로 쓰인
경우 동사는 반드시 [   ]형을 쓴다.

Twenty pounds **is** too heavy for the child. 20파운드는 어린이에게는 너무 무겁다.
The number of players in my team **was** small. 우리 팀의 선수의 수는 적었다.

Challenge 2 어떤 것이 주어일 때 복수 취급하는가?

(1) 명사가 [   ]로 연결되거나 '[   ] A and B' 또는 'Both (of the) + 복수 명사'인 경우 그리고
'A number of + 복수 명사'가 주어 자리에 쓰인 경우 동사는 [   ]형을 쓴다.

A cat and *a dog* **are** fighting over food. 고양이 한 마리와 개 한 마리가 먹을 것을 두고 싸우고 있다.
A number of students **are** studying hard at the moment. 많은 학생들이 지금 열심히 공부하고 있다.

(2) 부분을 나타내는 'all(most, half, some, percent, the rest, 분수) of the + 명사'는 명사가 단수이면
[   ], 복수이면 [   ] 동사를 쓴다. 'all + (the) 복수 명사'는 [   ] 동사를 쓴다.
'the + [   ]'는 '~인 사람들'이란 뜻이므로 복수 동사를 쓴다.

Two-fifths of the troops **were** lost in the battle. 병력의 2/5가 전투에서 죽었다.
All of them **are** young men. 그들 모두가 젊은 남자들이다.

Challenge 3 시제 일치의 규칙을 알고 있는가?

주절의 시제		종속절의 시제
현재, 현재완료, 미래	➡	[ ] 시제를 다 쓸 수 있음
과거, 과거완료	➡	[ ] 또는 [ ]

I *suppose* that she **will know** the truth. 나는 그녀가 진실을 알게 될 거라 생각한다.
I *thought* that she **had lived** in Seoul since she was born. 나는 그녀가 태어난 이래 서울에서 살았다고 생각했다.
I *heard* that he **was working** for the FBI. 나는 그가 FBI에서 일하고 있다고 들었다.

My teacher **said** that the earth **is** round.
우리 선생님은 지구가 둥글다고 말했다.
He **says** that Columbus **discovered** America in 1492.
그는 콜럼버스가 1492년에 미국을 발견했다고 말한다.

1 주절의 동사가 과거일지라도 종속절이 불변의 진리나 격언, 현재의 습관이나 과학적인 사실 등을 나타낼 때 그 사실은 현재에도 유효하므로 현재시제를 쓴다.

Cindy **said** that her son **lives** in Busan now. Cindy는 자기 아들이 현재 부산에 산다고 말했다.

She **knew** that water **boils** at 100˚C. 그녀는 물이 100℃에서 끓는다는 것을 알고 있었다.

2 역사적인 사실을 나타낼 때 주절의 시제와 관계없이 항상 과거시제를 쓴다.

He **will teach** his students that World War II **was** over in 1945.
그는 그의 학생들에게 제2차 세계대전이 1945년에 끝났다고 가르칠 것이다.

3 과거의 사실과 현재의 사실을 비교하는 비교구문에서는 주절의 시제와 관계없이 의미에 따라 시제가 결정되므로 한 문장 안에 현재, 과거시제가 함께 쓰일 수 있다.

We **had** more snow last winter than we **have** this winter. 올 겨울보다 작년 겨울에 눈이 더 많이 왔다.

She **is** not as beautiful as she **was**. 그녀는 예전처럼 아름답지 않다.

기본기 탄탄 다지기

1 다음 괄호 안에서 알맞은 것을 고르시오.

(1) Alice said that the first class always (starts / started) at 9 o'clock.

(2) She wonders if Korea (holds / held) The 2002 FIFA World Cup in 2002.

(3) Sunny told me that she (goes / went) to church every Sunday.

(4) The children will learn that Korean War (broke / break) out in 1950.

(5) It (is / was) warmer today than it was yesterday.

(6) In those days most people didn't realize that natural resources (were / are) limited.

▶종속절이 가정법인 경우 주절의 시제가 변하더라도 가정법 동사의 형태는 변하지 않는다.

She **says** that if she **were** free, she could go shopping.
➡ She **said** that if she **were** free, she could go shopping.

Preview

전달동사

The man **said,** "**I** **love** her." 그 남자는 "나는 그녀를 사랑해."라고 말했다.

피전달문

The man **said** that **he loved** her. 그 남자는 그녀를 사랑한다고 말했다.

1 평서문의 직접화법을 간접화법으로 전환할 때 전달 동사 say(said)는 say(said)로, say(said) to는 say(said) to 또는 tell(told)로 바꾸고, 인용 부호(" ")를 없애고, 접속사 that으로 연결한다. 전달 동사가 과거일 때는 인용 부호 안의 시제를 현재는 과거로, 과거는 과거완료로 바꾼다. 인칭이나 지시대명사와 부사도 알맞게 바꾼다.

She **said to** me, "**I am** happy." 그녀는 "나는 행복해."라고 내게 말했다.

➡ She **said to(= told)** me *that* **she was** happy. 그녀는 내게 행복하다고 말했다.

Tom **said to** me, "**I met** a ghost **yesterday**." Tom은 "나는 어제 귀신을 만났다."라고 내게 말했다.

➡ Tom **told(= said to)** me that **he had met** a ghost **the day before**. Tom은 어제 귀신을 만났다고 내게 말했다.

2 주절의 (전달 동사의) 시제가 현재이면 인용문의 시제와 조동사는 변하지 않고 대명사와 부사만 바뀐다.

He **says to** me, "**I am doing my** homework." 그는 "나는 숙제를 하고 있어."라고 내게 말한다.

➡ He **tells** me (that) **he is doing his** homework. 그는 내게 숙제를 하고 있다고 말한다.

기본기 탄탄 다지기

1 다음 직접화법이 간접화법이 되도록 빈칸을 완성하시오.

(1) They said to me, "We can't speak Korean."

➡ They _____ me that _____ speak Korean.

(2) She said, "I am living in London."

➡ She _____ that _____ _____ living in London.

(3) He said, "I met a strange woman here an hour ago."

➡ He _____ that _____ _____ _____ a strange woman there an hour before.

(4) She said to me, "I will study French."

➡ She _____ me that _____ _____ study French.

(5) She said, "I must study French."

➡ She _____ that _____ _____ study French.

▶대명사, 부사(구)의 변화
this → that, these → those, ago → before, now → then, here → there, today → that day, tonight → that night, tomorrow → the next day, yesterday → the day before 또는 the previous day, last night → the night before 또는 the previous night

▶시제 일치와 마찬가지로 인용문의 내용이 일반적인 사실이나 현재의 습관인 경우 전달 동사가 과거라도 현재를 쓰고, 역사적인 사실은 전달동사의 시제와 관계없이 피전달문은 항상 과거시제를 쓴다.

She **said** she always **drinks** orange juice in the morning.
He **says** the American Civil War **was** over in 1865.

Unit 6 • 의문사가 있는 의문문의 화법 전환

Peter *said to* me, *"Where did you buy* the T-shirt?" Peter가 그 티셔츠 어디에서 샀니?"라고 내게 말했다.

↓   ↓

Peter **asked** me **where I had bought** the T-shirt. Peter는 내가 그 티셔츠를 어디에서 샀는지를 물었다.

① 의문사가 있는 의문문의 간접화법은 say(said), say(said) to를 ask(asked)로 바꾸고, '의문사 + 주어 + 동사'인 간접의문문의 어순으로 바꾼다. say와 tell은 전달 동사로 쓰지 않는다. 시제와 대명사, 그리고 부사(구) 등은 평서문의 화법 전환과 동일하게 바꾼다.

He *said to* me, *"Where do you live?"* 그는 "어디에서 사세요?"라고 내게 말했다.

➡ He **asked** me **where I lived**. 그는 내게 어디에서 사는지를 물었다.

= He wondered(wanted to know) **where I lived**.

Sandra *said to* me, *"What are you doing now?"* Sandra는 "너 지금 뭐하고 있니?"라고 내게 말했다.

➡ Sandra **asked** me **what I was doing then**. Sandra는 내가 그때 무엇을 하고 있었는지 물었다.

② 의문사가 있는 직접의문문에 쓰인 do / does / did를 없애고 주어에 따라 동사의 수를 결정하고 시제도 일치시켜야 한다. 의문사 자체가 주어인 경우에는 '의문사 + 동사'의 어순으로 쓴다.

She *said to* me, *"Where did you learn* Chinese?" 그녀는 "어디에서 중국어를 배웠니?"라고 내게 말했다.

➡ She **asked** me **where I had learned** Chinese. 그녀는 내가 어디에서 중국어를 배웠는지 물었다.

The teacher *said*, *"Who can speak* English?" 선생님은 "누가 영어를 말할 수 있니?"라고 말씀하셨다.

➡ The teacher **asked who could speak** English. 선생님은 누가 영어를 할 수 있는지 물었다.

기본기 탄탄 다지기

1 다음 직접화법이 간접화법이 되도록 빈칸을 완성하시오.

(1) Lisa said to me, "What time is it?"

➡ Lisa _____ me what time _____ _____.

(2) He said to me, "Who is your teacher?"

➡ He asked me _____ _____ _____

_____.

(3) He said to me, "Where did you live ten years ago?"

➡ He asked me where I _____ _____ ten years

_____.

(4) She said to him, "Why are you crying?"

➡ She asked him _____ _____ _____ crying.

▶ 감탄문의 화법 전환

say, say to는 say, cry (out), shout, exclaim으로 바꾼다.

(1) How +형(부) + S + V

➡ that + S + V + very + 형(부)

(2) What + a(n) + 형 + 명 + S + V

➡ that + S + V + a very + 형 + 명

She said, "How happy I am!"

= She said **that she was very happy**.

He said, "What a beautiful sight it is!"

= He exclaimed(cried out) **it was a very beautiful sight**.

서술형 기초 다지기 ❷

1 다음 괄호 안의 동사를 알맞은 시제로 고쳐 쓰시오.

(1) She will learn that the Korean War _____ (be) over in 1953.

(2) We learned that light _____ (travel) faster than sound.

(3) He proved that the earth _____ (go) around the sun.

(4) She told us that school _____ (end) at five.

(5) I have learned that French Revolution _____ (break) out in 1789.

2 다음 보기와 같이 직접화법의 문장을 간접화법으로 바꾸어 쓰시오.

> She said, "I'm going to the movie theater tonight."
> ➡ She said that she was going to the movie theater that night.

(1) Her father said to her, "You can't get married until you're 28."

➡ _____

(2) They say, "We are going to London to see Frank."

➡ _____

(3) She said, "I always get up at 6:00."

➡ _____

(4) "I really like this house," she said.

➡ _____

(5) Kathy says, "I can't swim, but I can ride a bicycle."

➡ _____

(6) He will tell you, "I haven't got any money."

➡ _____

(7) She said, "We are getting married next month."

➡ _____

3 다음 보기와 같이 괄호 안의 동사를 전달 동사로 하여 간접화법으로 쓰시오.

> "What's your name?" he asked. (wanted to know)
> ➡ He wanted to know what my name was.

(1) "How old are you?" she said. (asked)

➡ _____

(3) "How long have you lived here?" Tom said to me. (asked)

➡ _____

(3) "Why are you so late?" the teacher asked. (demanded to know)

➡ _____

(4) "Why didn't you telephone?" my father asked. (wanted to know)

➡ _____

4 다음 보기와 같이 우리말을 참고하여 직접화법과 간접화법 문장을 완성하시오.

> 그녀는 나에게 "나는 이 책을 너에게 내일 돌려줄게."라고 말했다. (will return, to you, this book)
> ➡ She said to me, "I will return this book to you tomorrow_____." (직접화법)
> ➡ She told me that she would return that book to me the next day____. (간접화법)

(1) 아빠는 나에게 "나는 내일 체육관에 갈 거야."라고 말씀하셨다. (will go, tomorrow, to the gym)

➡ My father said to me, "_____." (직접화법)

➡ My father told _____. (간접화법)

(2) 그녀는 "그 콘서트는 거의 완벽해."라고 말했다. (perfect, the concert, almost)

➡ She said, "_____." (직접화법)

➡ She said _____. (간접화법)

5 주어진 문장을 직접화법을 이용하여 다시 쓰시오.

(1) He asked her what day was good for her to see a movie with him.

➡ _____

(2) Kevin asked me what I wanted.

➡ _____

Oral Test

Challenge 1 시제일치의 예외를 알고 있는가?

현재의 사실, 불변의 진리, 속담, 격언 등은 주절의 동사가 과거라도 종속절의 시제는 항상 [   ] 시제로 쓴다. 역사적인 사실이나 분명한 과거의 사건은 항상 [   ] 시제로 쓴다.

The teacher said to us that the Earth rotates in one direction on its axis.
선생님은 지구가 축을 중심으로 하여 한 방향으로 회전한다고 우리에게 말했다.

They wonder if Korea held the Olympic Games in 1988. 그들은 한국이 1988년에 올림픽을 개최했는지 아닌지 궁금해한다.

Challenge 2 간접화법은 무엇인가?

(1) 간접화법은 화자의 말을 전달자가 자신의 입장에서 바꾸어 전달하는 화법이다. 평서문의 직접화법을 간접화법으로 바꿀 때 전달동사는 say, said, say to, said to, tell, told를 사용한다. 인용 부호(" ")를 지우고 접속사 [   ]을 이용하여 연결한다. 전달 동사가 said (to), told와 같이 과거일 때는 인용 부호 안의 시제를 현재는 [   ] 시제로, 과거는 [   ] 시제로 바꾼다. 인칭이나 지시대명사와 부사(구)도 전달자의 입장으로 바꾼다.

She said to me, "I like ice cream." 그녀는 "나는 아이스크림을 좋아해."라고 내게 말했다.
= She told me that she liked ice cream. 그녀는 아이스크림을 좋아한다고 내게 말했다.

(2) 주절의 전달 동사가 [   ] 시제이면 인용문의 시제와 조동사는 변하지 않고 대명사와 부사만 전달자의 입장으로 바꾼다.

She says to me, "I'm jogging in the park." 그녀는 "나는 공원에서 조깅하고 있어."라고 내게 말했다.
= She tells me that she is jogging in the park. 그녀는 공원에서 조깅을 하고 있다고 내게 말한다.

Challenge 3 의문사가 있을 때 간접화법은 어떻게 만드는가?

의문사가 있는 인용문을 간접화법으로 바꿀 때 say (to)를 ask로 바꾸고, 간접의문문의 어순과 같이 '[   ] + [   ] + [   ]'의 어순으로 쓴다. 의문사가 그 자체로 주어가 되는 경우 '[   ] + [   ]'의 어순으로 쓴다. 시제와 대명사, 부사(구) 등도 평서문의 화법 전환과 동일하게 전달자의 입장으로 바꾼다.

She said to me, "When can we meet again?" 그녀는 "우리 언제 다시 만날 수 있을까?"라고 내게 말했다.
She asked me when we could meet again. 그녀는 언제 우리가 다시 만날 수 있는지를 물었다.

The teacher said, "Who can answer the question?" 선생님은 "누가 질문에 대답할 수 있니?"라고 말씀하셨다.
The teacher asked who could answer the question. 선생님은 누가 그 질문에 대답할 수 있는지 물으셨다.

She *said to* me, "*Can you play soccer?*" 그녀는 내게 말했다. "축구할 줄 아니?"

She **asked** me **if I could** play soccer. 그녀는 내가 축구를 할 수 있는지 물었다.

1 의문사가 없는 의문문의 간접화법은 say (to)를 ask로 바꾸고 인용 부호를 없앤 후 'if/whether + 주어 + 동사'의 어순으로 쓴다. 시제, 대명사와 부사(구) 등은 평서문의 화법 전환과 똑같이 전달자의 입장으로 바꾼다.

He *said to* me, "*Do you speak Japanese?*" 그는 내게 말했다. "너는 일본어를 말할 수 있니?"

➡ He **asked** me **if(whether) I spoke** Japanese. 그는 내게 일본어를 할 줄 아는지 물었다.

The teacher *said to* Jane, "*Did you finish your homework?*" 선생님은 Jane에게 말했다. "숙제를 다 끝냈니?"

➡ The teacher **asked** Jane **if(whether) she had finished** her homework.
선생님은 Jane에게 숙제를 끝냈는지 아닌지를 물었다.

2 명령, 요청, 충고 등의 간접화법은 인용문의 동사를 to부정사로 바꾼다. 전달 동사를 명령이나 충고를 나타내는 advise, order, ask, tell, warn 등으로 다양하게 쓸 수 있다. 이때 간접화법은 '(전달) 동사 + 목적어 + to부정사'의 어순으로 5형식 문장이 된다. 부정명령문은 to부정사 앞에 'not'을 붙여 부정사를 부정한다.

"*Wait a minute*, please," Ted *said to* me. "잠시만 기다려줘."라고 Ted가 말했다.

➡ Ted **asked** me **to wait** a minute. Ted는 내게 잠시만 기다려 달라고 요청했다.

The teacher *said to* us, "*Don't talk!*" 선생님은 "떠들지 마!"라고 우리에게 말씀하셨다.

➡ The teacher **told(ordered)** us **not to talk**. 선생님은 우리에게 떠들지 말라고 하셨다.

기본기 탄탄 다지기

1 다음 문장의 화법을 전환할 때 빈칸을 완성하시오.

(1) "Stay in the car," the police officer said to me.

➡ The police officer ordered me _____ _____ in the car.

(2) "Do you play badminton?," she asked me.

➡ She asked me _____ _____ _____ badminton.

(3) Ava said to me, "Don't watch the movie."

➡ Ava advised me _____ the movie.

(4) Kevin said, "Have you met Laura before?"

➡ Kevin asked _____ _____ _____ Laura before.

> ▶간접화법에 쓰인 if와 whether는 명사절 접속사로 '~인지 아닌지'로 해석하고 일상 영어에서는 if를 더 자주 쓴다.
>
> ▶의문사가 없는 Yes/No 의문문일 경우 전달 동사 ask, wonder, want to know, inquire 등 다양하게 쓸 수 있지만 say와 tell은 쓰지 않는다.
>
> He said, "Are you tired?"
> – He **asked(wondered)** if I was tired.
> – He **inquired(wanted to know)** whether I was tired (or not).

서술형 기초 다지기 ③

1 다음 보기와 같이 간접화법을 이용하여 빈칸을 완성하시오.

> "Do you think it's going to rain?"
> ➡ She asked me <u>if/whether I thought it was going to rain</u>.

(1) "Does Sandra work on Saturdays?"

   ➡ They asked him _____.

(2) "Do you speak English?"

   ➡ He asked me _____.

(3) "Have you seen the musical?"

   ➡ Steve asked me _____.

(4) "Do you have a computer?"

   ➡ She wanted to know _____.

(5) "Did you come by train?"

   ➡ He inquired _____.

2 다음 보기와 같이 명령문의 직접화법을 괄호 안의 단어를 이용하여 간접화법으로 바꾸시오.

> Sarah said to Bob, "Don't laugh." (tell)
> ➡ <u>Sarah told Bob not to laugh.</u>

(1) My girlfriend said to me. "Wait outside!" (order)

   ➡ _____

(2) "Don't leave your job," my father said to me. (advise)

   ➡ _____

(3) "Please come to my party," Sarah said to me. (invite)

   ➡ _____

(4) "Don't shout at me," she said to him. (tell)

   ➡ _____

3 다음 보기와 같이 주어진 문장을 직접화법을 이용하여 빈칸을 완성하시오.

> Susan asked me if I liked her new trousers.
> ➡ Susan said to me, "Do you like my new trousers? "

(1) My grandmother wants to know if it is easy to use a smartphone.

➡ My grandmother says, " _____ "

(2) He asked us if we had enjoyed the party.

➡ He said to us, " _____ "

(3) She asked if I had opened the window.

➡ She said, " _____ "

(4) Wilson asked me if I had finished washing the dishes.

➡ Wilson said to me, " _____ "

4 다음 보기와 같이 주어진 상황을 읽고 주어진 표현 중 하나를 골라 빈칸을 완성하시오.

> "Don't worry."   "Hurry up!"   "Could you give me a hand, Peter?"
> "Please slow down!"   "Will you marry me?"

보기 I couldn't move the sofa, so I asked Peter to give me a hand _____ .

(1) Jason was driving too fast, so I asked _____ .

(2) Tom was in love with Jessica, so he asked _____ .

(3) Julia was taking a long time to get ready, so I told _____ .

(4) Susan was very nervous about the situation, so I told _____ .

Oral Test

Chapter 11

Challenge**Challenge 1** 의문사가 없을 때 간접화법은 어떻게 만드는가?

의문사가 없는 의문문을 간접화법으로 전환할 때 전달 동사 say나 say to는 [   ]로 바꿔 쓰고 접속사 [   ] 또는 [   ]를 이용해서 간접화법을 만든다. 종속절의 시제를 주절의 시제 즉, 전달 동사의 시제와 일치시키고 대명사와 부사(구) 등도 평서문의 화법 전환과 마찬가지로 전달자의 입장으로 적절히 바꾼다.

She *said to* me, "*Can I use your phone*?" 그녀는 "당신 전화기를 써도 될까요?"라고 내게 말했다.
➡ She **asked** me **if she could** use **my** phone. 그녀는 내 전화기를 써도 되는지 아닌지를 물었다.

He *said to* me, "*Do you know how to use this duplicator*?" 그는 "이 복사기를 사용하는 법을 아니?"라고 내게 말했다.
➡ He **asked** me **if(whether) I knew** how to use **that** duplicator. 그는 내가 그 복사기를 사용할 줄 아는지 모르는지 물었다.

Challenge 2 요청과 명령문의 간접화법은 어떻게 만드는가?

요청, 명령, 충고 등의 간접화법은 인용문 안에 있는 동사를 [   ]로 바꿔 쓴다. 인용문이 Don't ~로 시작하는 부정명령문인 경우 to부정사 바로 앞에 [   ]을 붙여 간접화법을 만든다. 내용에 따라 전달 동사는 명령이나 충고를 나타내는 advise, order, ask, tell, invite, permit, remind, encourage, warn 등을 다양하게 쓸수 있다. 이때 간접화법은 '[   ] + [   ] + [   ]'의 어순이 되어 5형식 문장을 이룬다.

He *said to* me, "*Stop eating so many peanuts*." 그는 "땅콩을 너무 많이 먹지 마."라고 내게 말했다.
➡ He **advised** me **to stop** eating so many peanuts. 그는 내게 땅콩을 너무 많이 먹지 말라고 충고했다.

My father *said to* me, "*Go to bed immediately*." 아빠는 "즉시 잠자러 가."라고 내게 말씀하셨다.
➡ My father **ordered** me **to go** to bed immediately. 아빠는 내게 즉시 잠자리에 들라고 명령하셨다.

The teacher *said to* the children, "*Don't play with knives*." 선생님은 "칼 가지고 놀지 마."라고 아이들에게 말씀하셨다.
➡ The teacher **told** the children **not to play** with knives. 선생님은 그 아이들에게 칼을 가지고 놀지 말라고 했다.

1 다음 문장을 아래와 같이 바꿔 쓸 때 빈칸에 들어갈 알맞은 말을 쓰시오.

> Kelly thinks that she can swim across the river.
>
> ➡ Kelly thought that _____
>
> _____ .

2 빈칸에 알맞은 말이 순서대로 짝지어진 것은?

> • Two-thirds of the students _____ absent today.
> • Two-fifths of the vineyard _____ destroyed by fire.

① were - were　　② were - was
③ was - were　　④ was - was
⑤ is - is

3 다음 중 어법이 올바른 문장은?

① Two thirds of the area were flooded when the sewers backed up.
② About ten percent of the university's graduates go on to become famous physicists.
③ The first student to finish the test papers were Marcus.
④ The number of girls wanting to join the Girl Scout were unbelievable.
⑤ A number of unemployed people is increasing.

4 다음 중 화법의 전환이 옳지 <u>않은</u> 것은?

① She said to me, "Don't make a noise."
　➡ She told me not to make a noise.
② I said to her, "What food do you like best?"
　➡ I asked her what food she liked best.
③ She said to me, "What are you doing?"
　➡ She asked me what she was doing.
④ He said to her, "My favorite subject is English."
　➡ He told her that his favorite subject was English.
⑤ He said to me, "Marry me."
　➡ He proposed me to marry him.

[5~6] 다음 빈칸에 is가 올 수 <u>없는</u> 것은?

5 ① Either you or she _____ wrong.
② Measles _____ a dangerous disease for pregnant women.
③ Both Jane and Tom _____ smart.
④ English _____ the subject I hate.
⑤ Two-thirds of the money _____ mine.

6 ① Bread and butter _____ always delicious.
② The mayor and his brothers _____ going to jail.
③ One of my friends _____ here.
④ The number of students in the class _____ fifteen.
⑤ Providing medical care for people _____ very important in society.

7 다음 문장과 의미가 같은 것을 고르시오.

> Jessica said to me, "Don't play soccer in the garden."

① Jessica said that I didn't play soccer in the garden.
② Jessica told me that she didn't play soccer in the garden.
③ Jessica ordered me to not play soccer in the garden.
④ Jessica ordered me not to play soccer in the garden.
⑤ Jessica asked me if I didn't play soccer in the garden.

8 다음 중 어법상 잘못된 것을 고르시오.

① She said that she would study abroad.
② Steve said that he goes to the gym every morning.
③ The book says that Columbus discovered America in 1492.
④ It was not so cold yesterday as it is today.
⑤ You will learn that the French Revolution breaks out in 1789.

9 다음 두 문장의 의미가 같도록 할 때 밑줄 친 ①~⑤ 중 어법상 어색한 것은?

> The doctor said to her, "Eat more fruit and vegetables."

➡ The doctor ① advised ② her ③ eating more ④ fruit and ⑤ vegetables.

10 다음 글을 읽고 밑줄 친 부분을 간접화법으로 바르게 바꾼 것을 고르시오.

> When the day of our final game came, my top players were all ready. Then suddenly Billy said to me, "Can I be a starter?" He said in a strong voice.

① Billy asked me that he can be a starter.
② Billy asked me that he could be a starter.
③ Billy asked me if I can be a starter.
④ Billy asked me if he could be a starter.
⑤ Billy asked me if he can be a starter.

11 다음 대화의 빈칸에 들어갈 알맞은 말을 고르시오.

> A: Things fall towards the ground because of gravity, don't they?
> B: You're right. We learned that things _____ towards the ground because of gravity.

① would be
② falling
③ fell
④ to fall
⑤ fall

서술형 대비 문제

1 다음 우리말과 뜻이 같도록 빈칸에 알맞은 말을 쓰시오.

이 학급 어린이들의 절반만이 글을 읽고 쓸 수 있다.

➡ Only half of the children in this class _____ literate.

[2–3] 다음 밑줄 친 동사를 과거형으로 바꾸어 문장을 다시 쓰시오.

2 Cindy <u>says</u> that she is moving out soon.

➡ _____

3 She <u>tells</u> me that plants need light to photosynthesize.

➡ _____

4 주어진 말을 이용하여 문장을 전달자의 입장에서 다시 쓰시오.

My husband and I enjoyed the movie last night.

Mrs. Sandra said that _____ .

5 두 문장의 의미가 같도록 할 때 빈칸에 알맞은 한 단어를 쓰시오.

She said to me, "Do you want me to come?"

➡ She asked me _____ I wanted her to come.

136

Grammar in Reading

자꾸 쳐다봐! 날 좋아하는 거 같아!

Teens surround themselves with imaginary audiences. They imagine others are as interested (a) [with / in] them as they are in themselves. Believing that everyone (b) [are / is] watching them, teenagers are extremely self-conscious. A young boy, for example, may believe that he is unattractive because of his nose. Nothing can convince him that other people are paying no attention to his nose at all. Also, when chatting with friends, some teenage girls are too expressive, talking and laughing loudly, playing to their unreal audiences. They gradually realize, however, (c) [that / what] others are not really interested in them. Teenagers' behavior changes when they realize others are too busy with their own lives to be watching them.

1 How does the teenagers' behavior change?

① Gradually, when they realize that other people hate them.
② Gradually, as they grow up and recognize that others are too busy.
③ When they are focused on by others during a conversation.
④ When they are confident about themselves in society.
⑤ By being influenced in positive ways by their friends.

2 (a), (b), (c) 각 네모 안에서 어법상 적절한 것끼리 짝지은 것은?

	(a)	(b)	(c)
①	with	are	what
②	with	is	that
③	in	are	that
④	in	is	that
⑤	in	are	what

Chapter **11**

Super Speaking

 보기와 같이 수일치를 이용하여 묻고 답하는 형식으로 말하기 연습을 하세요. 연습이 한 번 끝난 후 서로 역할을 바꿔 다시 말하기 연습을 하세요.

people / be women / ?

➡ All of

How many of the people are women?

All of them are women.

1

women / be wearing hats / ?

➡ All of

2

people / be sitting / ?

➡ Almost all of

 보기와 같이 간접화법을 이용하여 묻고 답하는 형식으로 말하기 연습을 하세요. 연습이 한 번 끝난 후 서로 역할을 바꿔 다시 말하기 연습을 하세요.

Water boils at 100°C.

Water boils at 100°C, doesn't it?

You're right. We learned that water boils at 100°C.

1

The earth is a planet of the solar system.

2

Asia is the largest continent in the world.

실전 서술형 평가 문제

출제의도 | 다른 사람의 말을 전달자의 입장에서 전달하기
평가내용 | 의문사가 있는(없는) 간접의문문

서술형 유형	12점
난이도	중

 A 다음은 Su-ji가 런던에서 처음 만난 외국인이 그녀에게 건넨 말들이다. 보기와 같이 외국인의 전달자 입장에서 간접화법을 이용한 문장으로 다시 쓰시오.

> 보기 Can you speak English?
> 1 Where do you come from?
> 2 Where do you want to go?
> 3 Have you seen the Buckingham Palace?
> 4 Did you visit the British Museum?
> 5 Is this your first time in London?
> 6 How long are you going to stay here?

보기 She asked me if I could speak English. _____

1 _____

2 _____

3 _____

4 _____

5 _____

6 _____

평가영역	채점기준	배점
유창성(Fluency) & 정확성(Accuracy)	6개의 문장을 모두 올바른 표현과 함께 정확하게 완성한 경우 (문법, 철자가 모두 정확한 경우)	6×2 = 12점
	간접화법을 만들지 못하였거나 문법, 철자가 1개씩 틀린 경우	문항당 1점씩 감점
	내용과 전혀 일치하지 않거나 답을 기재하지 못한 경우	0점

출제의도 | 다른 사람의 말을 간접화법을 이용하여 전달하기

평가내용 | 명령, 요청의 간접화법

서술형 유형	12점
난이도	중

B 다음은 Kathy가 외출하면서 베이비시터에게 요청하는 말들이다. 보기와 같이 주어진 표현을 알맞은 형태로 바꾸어 간접화법 문장을 완성하시오. (전달 동사는 tell을 쓸 것.)

보기 Don't answer the door to anyone.
1 Don't take the dog into the children's bedroom.
2 Close the windows.
3 Phone me if there's an emergency.
4 Don't let the children eat any sweets.
5 Give the children a bath before they go to bed.
6 Send the children to bed at 9 o'clock.

보기 Kathy told her babysitter not to answer the door to anyone.

1 _____

2 _____

3 _____

4 _____

5 _____

6 _____

평가영역	채점기준	배점
유창성(Fluency) & 정확성(Accuracy)	6개의 문장을 모두 올바른 표현과 함께 정확하게 완성한 경우 (문법, 철자가 모두 정확한 경우)	6×2 = 12점
	간접화법을 만들지 못하였거나 문법, 철자가 1개씩 틀린 경우	문항당 1점씩 감점
	내용과 전혀 일치하지 않거나 답을 기재하지 못한 경우	0점

실전 서술형 평가 문제

출제의도 | 다른 사람들의 대화를 간접화법을 이용하여 내용 이해하기
평가내용 | 평서문, 의문문, 명령문의 간접화법

서술형 유형	18점
난이도	중상

C 아래 두 사람의 대화를 다음과 같이 서술할 때 빈칸을 채워 글을 완성하시오.

Alice : When are you leaving for Korea?
Scott : I'm leaving next week.
Alice : Don't take a lot of stuff with you.
Scott : Are two suitcases too many?
Alice : Yes, you must remember that you will have to carry them wherever you go. Don't do what I did. I took too many things with me.

Alice asked Scott when he was leaving for Korea_____.

Scott answered _____.

Alice told Scott _____.

Scott wanted to know _____.

Alice answered yes. She said to Scott that he should _____

_____.

Alice told him _____.

She told Scott _____.

평가영역	채점기준	배점
유창성(Fluency) & 정확성(Accuracy)	제시된 빈칸을 올바른 표현과 함께 정확하게 모두 완성한 경우 (문법, 철자가 모두 정확한 경우)	6×3 = 18점
	간접화법을 만들지 못하였거나 문법, 철자가 1개씩 틀린 경우	문항당 1점씩 감점
	내용과 전혀 일치하지 않거나 답을 기재하지 못한 경우	0점

Chapter 12
특수구문

Preview

We saw **a ghost** yesterday. 우리는 어제 귀신을 봤다.
It was **a ghost** *that* we saw yesterday. 우리가 어제 본 것은 바로 귀신이었다.

1 'It is/was ~ that' 구문을 이용하여 주어, 목적어, 수식어구 등을 강조할 수 있으며, '~인 것은 바로 ~이다(였다)'로 해석한다. 강조하는 대상에 따라 that 대신에 who, which, when, where 등이 올 수 있다.

Peter broke the window last night. Peter는 어젯밤 그 창문을 깨뜨렸다.

➡ *It was* **Peter** *that(who)* broke the window last night. (주어 강조)
어젯밤 그 창문을 깨뜨린 사람이 바로 Peter였다.

➡ *It was* **the window** *that(which)* Peter broke last night. (목적어 강조)
어젯밤 Peter가 깨뜨린 것은 바로 창문이었다.

➡ *It was* **last night** *that(when)* Peter broke the window. (시간의 부사구 강조)
Peter가 창문을 깨뜨린 것은 바로 어젯밤이었다.

2 동사를 강조하는 경우에는 주어의 인칭과 수, 시제에 맞게 'do / does / did + 동사원형'으로 쓴다. '정말로 ~하다, 참으로 ~하다' 등으로 해석한다.

She **does** *like* to watch a scary movie at night. 그녀는 밤에 공포영화를 보는 것을 정말로 좋아한다.

I **do** *hope* you will come again. 나는 네가 다시 오길 정말 희망한다.

He **did** *attend* the meeting yesterday. 그는 어제 정말 그 회의에 참석했다.

기본기 탄탄 다지기

1 강조되고 있는 어구에 밑줄을 치고 강조된 것이 주어, 목적어, 부사(구), 동사 중 무엇인지 쓰시오.

(1) It was last week that Mike bought a bicycle at the store. ➡ _____

(2) It is here that I'll interview the actress tomorrow. ➡ _____

(3) Susan does like math and science. ➡ _____

(4) He said he would come, and he did come. ➡ _____

(5) It was Steve who wanted to see her most. ➡ _____

(6) It was Korean language and culture that they were learning then.

➡ _____

> ▶강조의 it... that은 be동사, that을 생략해도 문장이 성립하지만 가주어 it... 진주어 that은 생략하면 문장이 성립하지 않는다.
>
> It was Bob that I saw at the park.
> ➡ I saw Bob at the park. (O)
>
> It was not easy that I saw Bob at the park.
> ➡ I saw Bob at the park not easy. (X)

This is **the very** *book* I need.
이것이 바로 내가 찾는 책이다.

Why on earth did you do such a thing?
도대체 너는 왜 그런 일을 했니?

① very가 형용사로 쓰여 'the/this/that + very + 명사'가 '바로'의 의미로 명사를 강조한다. 부정어(no, not)가 있는 문장에 at all, in the least, by any means, a bit, on any way 등을 넣어 '조금도, 아무것도'의 뜻으로 부정문을 강조한다.

This is **the very** *dictionary* I have been looking for. 이것이 바로 내가 찾고 있던 사전이다.

She was *not* **in the least** surprised at my sudden visit. 그녀는 나의 갑작스런 방문에도 전혀 놀라지 않았다.

He is *not* happy **at all**. 그는 결코 행복하지 않다.

② 의문사 바로 뒤에 ever, in the world, on earth를 붙여 의문문을 강조할 때 쓴다. '도대체'라는 의미로 쓰인다. 의문사 자체를 강조할 때에는 '의문사 + is/was + it that ~?'의 형태로 쓴다.

Who **on earth** broke the vase? 도대체 누가 꽃병을 깨뜨렸니?

What **in the world** do you mean? 도대체 무슨 말이야?

Where did you see her an hour ago? 한 시간 전에 그녀를 어디서 봤니?

➡ **Where was it that** you saw her an hour ago? 한 시간 전에 그녀를 본 곳이 어디였니?

기본기 탄탄 다지기

1 빈칸에 들어갈 말을 보기에서 찾아 쓰시오.

▶동일어구를 and로 연결하여 의미를 강조할 수 있다.

I waited for hours and hours.
The girl ran and ran toward the goal.

in the least	who was it that	does	on earth

(1) 너의 아빠는 너를 정말로 믿고 있다.

➡ Your father _____ believe in you.

(2) 너는 도대체 왜 학교에 안 갔니?

➡ Why _____ didn't you go to school?

(3) 네가 늦는다고 해도 결코 문제가 되지 않는다.

➡ It doesn't matter _____, if you are late.

(4) 전화기를 발명한 사람이 누구니?

➡ _____ invented the telephone?

In the doorway *stood a ghost*. 문 앞에 귀신이 서 있었다.
Never *have I seen* her so happy. 그녀가 그렇게 행복한 것을 본 적이 없다.

1 장소나 방향의 부사(구)를 강조하기 위해 문장 맨 앞으로 보낼 경우 '장소/방향 부사(구) + 동사 + 주어'의 어순으로 도치되어 동사가 주어 앞으로 나간다.

On the platform *stood a strange woman*. 승강장에 이상한 여자가 서 있었다.

Under the table *sat a little puppy*. 테이블 아래에 작은 강아지 한 마리가 앉아 있었다.

※주어가 대명사인 경우에는 도치되지 않는다.

On the hill *he stood*. 언덕 위에 그가 서 있었다.

2 부정의 어구 never, little, hardly, seldom, only, scarcely, nowhere, not until, not only 등을 강조하기 위해 문장 맨 앞으로 보낼 경우 '부정어 + be동사 + 주어', 그리고 일반동사가 포함된 문장은 '부정어 + 조동사 + 주어 + 동사'의 어순으로 도치된다.

Little *did I dream* that my sister would become a pro wrestler.
내 여동생이 프로 레슬러가 되리라곤 전혀 꿈도 꾸지 못했다.

Not only *was it* hot today, but also there was no wind. 오늘 더울 뿐만 아니라 바람 한 점 없었다.

Rarely *do we go* to the movies. 우리는 거의 영화를 보러 가지 않는다.

기본기 탄탄 다지기

1 다음 문장을 주어진 어구로 시작하여 다시 쓰시오.

(1) She hardly comes to class on time.

➡ Hardly _____ .

(2) A sudden shower came down.

➡ Down _____ .

(3) I little dreamed that Tom would become a pro baseball player.

➡ Little _____ .

(4) The moon appeared from between clouds.

➡ From between clouds _____ .

▶부정어를 포함하지 않는 목적어는 문두에 나오더라도 주어, 동사의 도치가 일어나지 않는다. 보어를 문두로 보내 강조할 경우 도치가 일어나는데, 자주 쓰는 표현은 아니다.
That promise **he broke** within a week.

목적어가 대명사일 경우 대명사를 문두에 보내 도치시키지 않는다.
She built it. ➡ It she built. (X)

Happy **are those** who know the pleasure of doing good.

서술형 기초 다지기 ❶

1 다음 보기와 같이 밑줄 친 부분을 강조하는 'It ~ that ~' 구문을 만들어 보시오.

> I saw a ghost in the library.
> ➡ It was a ghost that I saw in the library.

(1) Lisa wrecked her father's car last week.

➡ _____

(2) Emily first met Min-su in Seoul.

➡ _____

(3) We saw a woman break into the house last night.

➡ _____

(4) I want to buy this car, not that car.

➡ _____

(5) Jane found the ring under the bed last night.

➡ _____

2 다음 밑줄 친 부분을 강조하는 문장을 완성하시오.

(1) Edward enjoys listening to classical music.

➡ Edward _____ _____ listening to classical music.

(2) The thief was caught on the spot.

➡ The thief was caught on _____ _____ spot.

(3) What happened to you?

➡ What _____ _____ _____ happened to you?

(4) She was not surprised at the news.

➡ She was not surprised at the news _____ _____ .

(5) Tell me your secret.

➡ _____ _____ me your secret.

3 다음 보기와 같이 밑줄 친 부분을 강조하여 문장을 다시 쓰시오.

> We can see stars in the sky <u>only at night</u>.
> ➡ <u>Only at night can we see stars in the sky.</u>

(1) We have <u>never</u> met again since 2010.

➡ _____

(2) I <u>little</u> dreamed that Robert would marry Susan.

➡ _____

(3) She had <u>no sooner</u> seen her teacher than she ran away.

➡ _____

(4) They had <u>hardly</u> started watching a scary movie when the power went out.

➡ _____

(5) Most knowledge of the world came <u>from Egypt</u>.

➡ _____

(6) A lot of newspapers lay <u>on the floor</u>.

➡ _____

4 다음 우리말과 뜻이 같도록 괄호 안의 말을 알맞게 배열하시오.

(1) 탁자 위에 세 개의 컵이 있다. (cups, are, three)

➡ On the table _____ .

(2) 결코 나는 그렇게 작은 고양이를 본 적이 없다. (I, have, seen)

➡ Never _____ such a little cat.

(3) 도서관 안으로 그 소녀들이 뛰어들어갔다. (the, rushed, girls)

➡ Into the library _____ .

(4) 그녀는 수업 시간 내내 한마디도 하지 않았다. (say, she, did)

➡ Not a word _____ throughout the entire class.

(5) 그는 그 시험 결과를 듣자마자 울음을 터뜨렸다. (the test result, he, had, heard)

➡ No sooner _____ than he burst into tears.

Oral Test

Challenge 1 'It ... that ...' 구문은 언제 사용하는가?

'It ~ that ...' 구문은 '...하는 것은 바로 ~이다'의 뜻으로 주어, 목적어, 부사(구)를 강조할 때 사용한다. 강조하는 대상에 따라 that 대신에 who, which, when, where 등을 사용한다. 단 [   ]를 강조할 수 없다. [   ]를 강조하려면 주어의 인칭과 수, 시제에 맞춰 do / does / did를 [   ] 앞에 쓴다.

I bought this book at the bookstore last Saturday. 나는 이 책을 지난 토요일에 서점에서 샀다.

- 주어 강조: It was [   ] that(who) bought this book at the bookstore last Saturday.
- 목적어 강조: It was [   ] that(which) I bought at the bookstore last Saturday.
- 장소의 부사구 강조: It was [   ] that(where) I bought this book last Saturday.
- 시간의 부사구 강조: It was [   ] that(when) I bought this book at the bookstore.

Challenge 2 명사, 부정어, 의문사(의문문)는 어떻게 강조하는가?

(1) 'the [   ]'를 명사 바로 앞에 써서 명사를 강조하고 부정어 no나 not이 있는 부정문을 강조할 때 at all, in the least, by any means 등을 넣는다.

I do*n't* like her **at all**. 나는 그녀를 전혀 좋아하지 않는다.

From **the very** *next day*, she started behaving strangely. 바로 그 다음 날부터 그녀는 이상하게 행동하기 시작했다.

(2) [   ] 바로 뒤에 ever, in the world, on earth를 붙여 의문문을 강조하고, 의문사 자체를 강조할 때에는 '의문사 + is/was + it that ~?'의 형태로 쓴다.

Why **on earth** are you weeping? 너는 도대체 왜 울고 있니?

When did you see Bob in front of the bank?
➡ **When was it that** you saw Bob in front of the bank? 은행 앞에서 Bob을 본 게 언제였니?

Challenge 3 도치가 되는 이유를 이해하고 있는가?

장소나 방향을 나타내는 부사(구)를 문장 맨 앞으로 보내 강조할 경우 '장소/방향 부사(구) + [   ] + [   ]'의 어순으로 쓴다. 부정어 never, little, seldom 등이 문장 맨 앞에 오면 '부정어 + be동사 + 주어', 일반동사가 포함된 문장은 '부정어 + [   ] + [   ] + [   ]'의 어순으로 도치된다.

At this restaurant *can you eat* Indian food. 이 레스토랑에서 당신은 인도 음식을 먹을 수 있다.

Little *did I think* that she would fail. 나는 그녀가 실패하리라고 거의 생각하지 못했다.

Preview

A: I **was** really scared to see the movie.
그 영화를 보고 정말 무서웠어.

B: **So was I**.
나도 마찬가지야.

1 상대방 의견을 동의할 때 'So + be동사 / 조동사 / do동사 + 주어'는 '~도 또한 그렇다'라는 의미로 상대방의
의견이 긍정일 때 쓴다. be동사와 조동사는 그대로 쓰고 일반동사인 경우 do / does / did를 쓴다.

A: I **like** Jessica.
나는 Jessica를 좋아해.

B: **So do I**. (= I like her, too. / I do, too.)
나도 그래.

A: I **am** a student.
나는 학생이다.

B: **So is Jessica**. (= Jessica is a student, too. / Jessica is, too.)
Jessica도 마찬가지야.

A: Lisa **can** drive.
Lisa는 운전할 수 있다.

B: **So can Tom**. (= Tom can drive, too. / Tom can, too.)
Tom도 할 수 있어.

A: Barbie **went** to Seoul.
Barbie는 서울로 갔다.

B: **So did Karen**. (= Karen went there, too. / Karen did, too.)
Karen도 갔어.

2 상대방의 부정적 의견에 동의할 때 'Neither + be동사 / 조동사 / do동사 + 주어'는 '~도 또한 아니다'라는 의
미가 된다. be동사와 조동사는 그대로 쓰고 일반동사는 do / does / did를 쓴다.

A: I**'m not** hungry.
나는 배고프지 않아.

B: **Neither am I**. (= I'm not hungry, either. / I'm not, either.)
나도 마찬가지야.

A: I **don't** like soccer.
나는 축구를 좋아하지 않아.

B: **Neither does Paul**. (= Paul doesn't like it, either. / Paul doesn't, either.)
Paul도 그래.

A: They **won't** go.
그들은 가지 않을 거야.

B: **Neither will we**. (= We won't go, either. / We won't, either.)
우리도 마찬가지야.

A: Sam **didn't** like it.
Sam은 그것을 싫어했다.

B: **Neither did I**. (= I didn't like it, either. / I didn't, either.)
나도 그래.

기본기 탄탄 다지기

1 다음 글을 읽고 괄호 안에서 알맞은 것을 고르시오.

go to college 대학에 다니다

(1) I'm feeling tired, and so (is / do) she.

(2) Sophia didn't go to college, and her sister doesn't, (too / either).

(3) Peter bought a smartphone, and so (did / does) Brown.

(4) We are studying, and they are studying, (either / too).

(5) I can't eat this, and (so / neither) can Cindy.

(6) Diane liked the movie, and so (do / did) I.

Unit 5 • 부분, 전체 부정

Preview

The teacher is **not always** kind to us. 그 선생님은 우리에게 항상 자상한 것은 아니다.
I **didn't** invite **all** of them. 나는 그들 모두를 초대하지 않았다.

① all, both, every, always, necessarily, completely 등의 전체를 나타내는 말이 부정어 not과 함께 쓰이면 '전부 (모두)가 ~한 것은 아니다'라는 부분 부정의 뜻을 나타낸다.

Everybody does **not** like her. 모든 사람들이 그녀를 싫어하는 것은 아니다.

Not both of you will get the chance. 너희 둘 다 기회를 얻는 것은 아니다.

We **don't** believe her story **completely**. 우리는 그녀의 이야기를 완전히 믿는 것은 아니다.

② 전체 부정은 부정어와 any, either, anybody 등을 같이 사용하거나 none, neither, nobody, never, nothing 등의 표현을 써서 '아무도(결코) ~하지 않다'라는 전체 부정의 뜻을 나타낸다.

I **don't** know **any** of them. 나는 그들 중 어느 누구도 알지 못한다.
(= I know **none** of them.)

She was **never** happy in school. 그녀는 학교 안에서 단 한 번도 행복한 적이 없었다.

He **didn't** accept **either** plans. 그는 어떤 계획안도 받아들이지 않았다.

Nobody knows about my plan. 아무도 내 계획을 모른다.

기본기 탄탄 다지기

1 다음 글을 읽고 부분 부정 또는 전체 부정을 구별해 보시오.

on Sundays 일요일마다

(1) Not all birds can fly.　　　　　　　　　(전체 / 부분)

(2) Tiffany didn't invite both of them.　　　(전체 / 부분)

(3) I didn't see either of the doctors.　　　(전체 / 부분)

(4) Tom is not always at home on Sundays.　(전체 / 부분)

(5) I do not like any of them.　　　　　　　(전체 / 부분)

Chapter **12**

Preview

Though **(she was)** tired, she went on working. 피곤했지만 그녀는 일을 계속했다.
You may come if you want to **(come)**. 네가 원한다면 와도 좋다.

1 영어는 같은 말의 반복을 피하기 위해 대명사의 사용이나 중복되는 명사(구), 동사(구), 형용사(구)의 생략이 빈번히 일어난다.

One will certainly make life happy, the other **(will make it)** unhappy.
하나는 분명 인생을 행복하게 하는 것이고, 다른 하나는 불행하게 한다.

Can you speak Korean? 한국어를 할 수 있니? - Yes, I can **(speak Korean)**. 응, 할 수 있어.

You don't have to eat if you don't want to **(eat)**. 원하지 않으면 먹을 필요 없다.

I bought a hat and she **(bought)** a laptop. 나는 모자를 샀고 그녀는 노트북을 샀다.

2 부사절의 주어가 주절의 주어와 같을 때에는 종종 '주어 + be동사'를 생략한다. if의 부사절에서 주절의 주어가 다르더라도 관용적으로 '주어 + be동사'를 생략해 'if necessary/possible'로 쓰기도 한다.

Though **(he was)** poor, he was happy. 비록 가난하더라도 그는 행복했다.

I wanted to be an inventor when **(I was)** young. 나는 어렸을 때 발명가가 되고 싶어 했다.

I'll work overtime, if **(it is)** necessary. 필요하다면 야근을 할 것이다.

3 비교 구문의 than이나 as 뒤의 말이 중복되면 생략할 수 있다.

I like English better than **(I like)** mathematics. 나는 수학보다 영어를 더 좋아한다.

She speaks English better than I **(speak English)**. 그녀는 나보다 영어를 더 잘한다.

He is as diligent as she **(is diligent)**. 그는 그녀만큼 부지런하다.

기본기 탄탄 다지기

1 주어진 문장에서 생략할 수 있는 부분을 괄호로 묶으시오.

(1) This lunch box is Dick's lunch box.

(2) I'd like to see you, but I have no time to see you.

(3) Let me know beforehand, if it is possible.

(4) When I was a boy, I liked to paint.

(5) She speaks Japanese as fluently as you speak Japanese.

> beforehand 미리
> fluently 유창하게

서술형 기초 다지기 ❷

1 다음 보기와 같이 So와 Neither를 이용하여 상대방의 의견에 동의하는 문장을 완성하시오.

| A: I hate mushrooms. | B: So do I. _____ |

(1) A: I would like to make new friends.　　　　B: _____

(2) A: I haven't been to a party for a long time.　B: _____

(3) A: She was at the library yesterday.　　　　B: _____

(4) A: Edward will be at the cafe later.　　　　B: _____

(5) A: Emma can't speak Russian.　　　　　　B: _____

(6) A: She didn't do her homework at all.　　　B: _____

(7) A: Susan wasn't in classroom.　　　　　　B: _____

2 우리말과 뜻이 같도록 빈칸을 완성하시오.

(1) 그들 둘 다 한국 음식을 좋아하는 것은 아니다.

➡ _____ _____ of them like Korean food.

(2) 그들은 일요일에 항상 집에 있는 것은 아니다.

➡ They are _____ _____ at home on Sundays.

(3) 모든 뱀에 독이 있는 것은 아니다.

➡ _____ _____ snakes are poisonous.

(4) 그러한 일이 매일 일어나는 것은 아니다.

➡ Such things do _____ happen _____ day.

(5) 아무도 그녀를 돕고 싶어 하지 않는다.

➡ _____ wants to help her.

3 빈칸에 알맞은 것을 보기에서 골라 쓰시오.

when	others	to	although

(1) He doesn't live here, but he used _____.

(2) _____ in the army, you must obey all commands.

(3) _____ very young, he works as hard as an adult.

(4) Some went to the right, _____ to the left.

4 다음 보기와 같이 주어진 글을 so와 neither를 이용하여 간략하게 쓰시오.

I didn't enjoy the movie last night, and Jane didn't enjoy the movie last night.
➡ I didn't enjoy the movie last night, and neither did Jane.

(1) I don't like Japanese food, and my wife doesn't like Japanese food.

➡ _____

(2) Susan goes to college, and her brothers go to college.

➡ _____

(3) Brian can't speak French, and I can't speak French.

➡ _____

5 다음 문장에서 생략된 부분을 써 넣어 문장을 다시 쓰시오.

(1) They were soccer players when in school.

➡ _____

(2) To some life is pleasure, to others suffering.

➡ _____

(3) You may go there if you want to.

➡ _____

Oral Test

Challenge 1 상대방의 의견에 동의할 때 어떻게 하는가?

상대방의 긍정적 의견에 동의할 때 '[   ] + be동사 / 조동사 / do동사 + [   ]'로 쓰고, 부정적 의견에 동의할 때는 '[   ] + be동사 / 조동사 / do동사 + [   ]'로 쓴다.

    A: Lucy **likes** coffee. Lucy는 커피를 좋아한다.   B: **So do I.** 나도 마찬가지이다.

    A: They **haven't** been to Colombia. 그들은 콜롬비아에 가 본 적이 없다.   B: **Neither have I.** 나도 그렇다.

Challenge 2 부분 부정과 전체 부정은 어떻게 나타내는가?

all, both, every, always 등이 부정어 [   ]과 함께 쓰이면 [   ] 부정이 된다. 전체 부정은 부정어와 any, either, anybody 등을 함께 쓰거나 none, neither, nothing, nobody, never 등으로 [   ] 부정을 나타낸다.

    My mother **doesn't always** get up early. 엄마는 항상 일찍 일어나시는 것은 아니다. **(부분 부정)**

    None of us like to listen to K-pop music. 우리들 중 아무도 케이팝 음악 듣는 것을 좋아하지 않는다. **(전체 부정)**

Challenge 3 생략은 어떤 경우에 가능한가?

(1) 반복을 피하기 위해 반복되는 명사(구), 동사(구), 형용사(구)는 생략할 수 있다. 비교 구문의 than이나 as 뒤의 말이 중복되면 생략할 수 있다.

    You don't have to go there if you don't want to **(go there)**. 네가 원하지 않으면 거기에 갈 필요는 없다.

    I can't speak Chinese, and neither can she **(speak Chinese)**. 나는 중국어를 할 줄 모르고 그녀도 마찬가지이다.

(2) 부사절에서 주어가 주절의 주어와 같을 때에는 종종 [   ]와 [   ] 동사를 생략한다. if절은 주절의 주어와 다르더라도 관용적으로 '주어 + be동사'를 생략하여 'if necessary/possible'로 쓰기도 한다.

    He is sleeping as if **(he were)** a dead man. 그는 마치 죽은 사람처럼 자고 있다.

    You have to go there, if **(it is)** necessary. 필요하다면 너는 그곳에 가야 한다.

[1–2] 다음 대화의 빈칸에 알맞은 것을 고르시오.

1

A: I heard you didn't tell her the truth.
B: You're wrong. I _____ tell her about it.

① do   ② does   ③ did
④ done   ⑤ doing

2

A: Sandra forgot to bring her umbrella.
B: _____ did I.

① So   ② That   ③ Either
④ Too   ⑤ Neither

3 다음 의문사를 강조할 때 빈칸에 알맞은 것은?

When did you start working at the Franklin Corporation?
➡ When _____ you started working at the Franklin Corporation?

① it was that   ② it that was
③ was that it   ④ was it that
⑤ that it was

4 다음 밑줄 친 부분에 들어갈 알맞은 것은?

Tom likes to go fishing, and so _____ Eric.
(Tom은 낚시하러 가는 것을 좋아하고 Eric도 그렇다.)

① do   ② did   ③ is
④ am   ⑤ does

5 다음 두 문장이 같은 뜻이 되도록 할 때 빈칸에 들어갈 말은?

I never skipped classes when in college.
= I never skipped classes when _____ in college.

① skipped   ② I am   ③ I was
④ never   ⑤ was I

6 주어진 문장과 의미가 같은 것을 고르시오.

Not all girls like movie stars.

① Some girls don't like movie stars.
② No girl likes movie stars.
③ Girls don't like all kinds of movies.
④ Girls like some movie stars.
⑤ Most girls don't like movie stars.

7 다음 밑줄 친 부분을 강조하고자 할 때 빈칸에 알맞은 것은?

She does not come here _____ these days.

① at all   ② on earth
③ in the world   ④ the very
⑤ ever

8 다음 문장의 빈칸에 들어갈 말로 알맞은 것은?

Never _____ such lovely dancing.

① it has seen   ② have I seen
③ seen I have   ④ have seen I
⑤ I have been seen

9 다음 대화의 빈칸에 들어갈 말로 알맞은 것은?

> A: Steve speaks Korean well.
> B: _____ . She had lived in Seoul for seven years.

① So is Jessica
② So has Jessica
③ So does Jessica
④ Neither does Jessica
⑤ Neither is Jessica

10 다음 밑줄 친 부분과 쓰임이 같지 <u>않은</u> 것은?

> Sometimes it is an adventurous spirit <u>that</u> makes people invent things.

① It was I <u>that</u> met Tom in the park.
② It was my dog <u>that</u> came to help me.
③ It was in the library <u>that</u> I saw Lucy.
④ It was not true <u>that</u> he got married.
⑤ It was yesterday <u>that</u> I finished my homework.

11 밑줄 친 부분이 어법상 어색한 것을 고르시오.

① <u>Little I knew</u> that she was a compulsive liar.
② Hardly <u>had she left</u> home when it began to rain.
③ I thought about the matter <u>over and over</u> again.
④ What <u>in the world</u> are you talking about?
⑤ This is <u>the very</u> place where Mozart was born.

12 우리말에 맞도록 영어로 바르게 옮긴 것은?

> 모든 학생들이 그 선생님을 존경하는 것은 아니다.

① No one respects the teacher.
② No student respects the teacher.
③ Most of students respect the teacher.
④ Not every student respects the teacher.
⑤ There's no student who respects the teacher.

서술형 대비 문제

1 다음 대화의 빈칸에 들어갈 말로 알맞은 것을 쓰시오.

Su-ji: I really enjoyed the soccer game last night.
Min-su: Yeah! _____. There's no sport I like more than soccer.

2 다음 우리말과 뜻이 같도록 괄호 안의 말을 바르게 배열하시오.

모든 의사들이 많은 수입을 가지는 것은 아니다. (all, doctors, large incomes, have, not)
➡ _____

3 두 문장이 같은 뜻이 되도록 빈칸에 알맞은 말을 쓰시오.

Lisa seldom used the elevator, even when she was going to the tenth floor.
➡ Seldom _____, even when she was going to the tenth floor.

4 주어진 문장을 도치구문을 이용하여 완성하시오.

I have never stayed at such an expensive hotel.
➡ _____

5 밑줄 친 부분을 neither를 이용한 문장으로 다시 써 보시오.

Kevin hasn't finished his homework, and Sunny hasn't finished her homework.
➡ _____

부모님 살아계실제 섬기길 다 하여라 돌아가시면 애달프다 어이하리

Our parents cast long shadows over our lives, and we become aware of (a)their existence when we are infants. Parents first teach us essential ways of living by cautioning, "Don't touch" or "It's not nice to do that." We may think that we learn these lessons through (b)independent efforts, but it's not the way we obtain them at all. Our parents have given us our sense of right and wrong, our understanding of love, and our knowledge of who we are.

As we grow up, we see them less and less. We leave their homes, and we start new families of our own. So sometimes we think that we can walk in the sun, free of the shadows. But still the shadows have not gone. We carry (c)their beings with us all our lives in the sounds of our voices, the look and feel of our skin, and the warmth of our hands and our hearts.

It is only when they are gone and we never see them that we find that they and we are indivisible. In fact, we have not been able to separate ourselves from (d)them our whole lives long. (e)The shadows are still there, but they have never really blocked the light at all.

Chapter **12**

---

1 이 글의 제목으로 가장 적절한 것은?

① Necessity of Family Life ② Power of Independent Youth
③ Separation of Shadow and Light ④ Ways of Caring for Our Parents
⑤ Shadows That Influence Our Lives

2 이 글의 내용으로 보아, 밑줄 친 (a) ~ (e) 중에서 나머지 넷과 가리키는 바가 다른 하나는?

① (a) ② (b) ③ (c) ④ (d) ⑤ (e)

3 윗글의 밑줄 친 부분 중 our parents를 강조하는 문장으로 다시 써 보시오.

➡ _____

_____

보기와 같이 묻고 답하는 형식으로 말하기 연습을 하세요. 연습이 한 번 끝난 후 서로 역할을 바꿔 다시 말하기 연습을 하세요.

 take / the rubbish out

What do you have to do at home?

I have to take the rubbish out.

A

So do I.

B

1  wash / my dad's car

2  tidy / my bedroom

 보기와 같이 묻고 답하는 형식으로 말하기 연습을 하세요. 연습이 한 번 끝난 후 서로 역할을 바꿔 다시 말하기 연습을 하세요.

 watch TV

What on earth are you doing now?

I'm watching TV.

A

B

1  make a sandwich

2  just kill time until my job starts

실전 서술형 평가 문제

출제의도 | 실생활에서 강조 구문 사용하기
평가내용 | It ~ that 강조 구문

서술형 유형	6점
난이도	중

A 아래 사진을 보고 보기의 밑줄 친 문장을 'It was ~ that ~' 구문을 활용하여 질문에 알맞은 대답을 쓰시오.

> 보기 Wilson : What happened?
>
> Alice : I saw that a strange man broke the car last night.

(The police came to investigate the situation.)

1 The police: Who broke the car?

Alice: _____

2 The police: Excuse me! What did he break last night?

Alice: _____

3 The police: Sorry, tell me again. When did he break the car?

Alice: _____

평가영역	채점기준	배점
유창성(Fluency) & 정확성(Accuracy)	3개의 문장을 모두 올바른 표현과 함께 정확하게 완성한 경우 (문법, 철자가 모두 정확한 경우)	3×2 = 6점
	It~ that 강조 구문을 만들지 못하였거나 문법, 철자가 1개씩 틀린 경우	문항당 1점씩 감점
	내용과 전혀 일치하지 않거나 답을 기재하지 못한 경우	0점

출제의도 | 긍정 또는 부정적 내용에 대해 동의하기
평가내용 | so, neither를 이용한 도치

서술형 유형	10점
난이도	중

 아래 주어진 표를 이용하여 보기와 같이 so, neither를 이용한 문장을 완성하시오.

	George	Sarah
보기 loves baseball	No	No
1 cooks every day	Yes	Yes
2 likes K-pop music	Yes	Yes
3 is working this Saturday	No	No
4 has already been to Korea	Yes	Yes
5 can speak Korean and Japanese	Yes	Yes

보기 George doesn't love baseball and neither does Sarah.

1 _____

2 _____

3 _____

4 _____

5 _____

평가영역	채점기준	배점
유창성(Fluency) & 정확성(Accuracy)	5개의 문장을 모두 올바른 표현과 함께 정확하게 완성한 경우 (문법, 철자가 모두 정확한 경우)	5×2 = 10점
	so 또는 neither 도치문을 만들지 못하였거나 문법, 철자가 1개씩 틀린 경우	문항당 1점씩 감점
	내용과 전혀 일치하지 않거나 답을 기재하지 못한 경우	0점

출제의도 | 도치를 이용하여 문장 강조하기

평가내용 | 장소의 부사구, 부정어를 이용한 도치

서술형 유형	12점
난이도	중

C 보기와 같이 밑줄 친 부분을 강조하는 문장으로 다시 쓰시오.

> **보기** I <u>little</u> dreamed that I would get the first prize in the contest.
> ➡ Little did I dream that I would get the first prize in the contest.

1 We have <u>never</u> stayed at such an expensive hotel.

➡ _____

2 He had <u>never</u> seen such a lovely girl.

➡ _____

3 The taxi stopped <u>in front of the terminal</u>.

➡ _____

4 They <u>rarely</u> fought with other tribes.

➡ _____

5 She could <u>hardly</u> sleep well last night because of the noise.

➡ _____

6 We have <u>seldom</u> felt happy since we moved in here.

➡ _____

평가영역	채점기준	배점
유창성(Fluency) & 정확성(Accuracy)	6개의 문장을 모두 올바른 표현과 함께 정확하게 완성한 경우 (문법, 철자가 모두 정확한 경우)	6×2 = 12점
	도치 구문을 만들지 못하였거나 문법, 철자가 1개씩 틀린 경우	문항당 1점씩 감점
	내용과 전혀 일치하지 않거나 답을 기재하지 못한 경우	0점

MEMO

Answer Key
정답

Chapter 7

비교급과 최상급

Unit 1 ● 기본기 탄탄 다지기 p.12
1 (1) taller (2) faster (3) heavier
(4) more expensive
2 (1) harder, than (2) taller, than (3) more, fluently, than

Unit 2 ● 기본기 탄탄 다지기 p.13
1 (1) very (2) a lot (3) very (4) much
2 (1) less popular than (2) less expensive than
(3) less big than

Unit 3 ● 기본기 탄탄 다지기 p.14
1 (1) the, better (2) weaker, and, weaker
2 (1) more (2) the easier (3) More

서술형 기초 다지기 ❶ p.15
1 (1) deeper, than (2) more, dangerous, than
(3) bigger, than (4) more, expensive, than
(5) harder, than
2 (1) much, taller, than (2) even, more, expensive, than
(3) a little bit, hotter, than (4) a lot, better, than
3 (1) faster and faster (2) stronger and stronger
(3) smaller and smaller (4) more and more nervous
4 (1) Baseball games are less exciting than soccer games.
(2) I visit my uncle less often than I visit my grandfather.
(3) Some people think that life in a city is less peaceful than life in a small town.
5 (1) The noisier the children got, the angrier the teacher got.
(2) The harder we worked, the more money we earned.
(3) The more chocolate you eat, the fatter you'll get.

Oral Test p.17
1 비교급, than, 비교 대상, more
2 (1) very (2) less, than
3 (1) 비교급, and, 비교급 (2) the, the

Unit 4 ● 기본기 탄탄 다지기 p.18
1 (1) older (2) most expensive (3) the shortest
(4) in (5) of (6) in
(7) more dangerous

Unit 5 ● 기본기 탄탄 다지기 p.19
1 (1) stars (2) worst (3) animal
(4) animals (5) cities (6) as

Unit 6 ● 기본기 탄탄 다지기 p.20
1 (1) twice as big as (2) as soon as
(3) three times as fast as (4) not as(so) expensive as

서술형 기초 다지기 ❷ p.21
1 (1) the most expensive family restaurant
(2) the laziest student (3) the most exciting novel
(4) the largest house (5) the cheapest ring
2 (1) one of the tallest buildings in Korea
(2) one of the most successful rock bands in the world
(3) one of the most serious problems in Korea
3 (1) works as fast as a machine (2) is not as(so) old as my father
4 (1) Lionel Mesi is richer than any other man in the world.
(2) No other actress in Korea as attractive as Tae-hee Kim.
(3) The church is older than the other buildings in the town.
5 (1) I think Russia is the largest country in the world.
(2) I think the cheetah is the fastest animal in the world.
(3) I think cricket is the most popular sport in Australia.
6 (1) Study as hard as you can.
(2) Come to school as early as you can.
(3) Read the instructions as carefully as you can.
(4) Answer the questions as well as you can.

Oral Test p.23
1 -est, most, in, of
2 (1) 최상급, 복수 명사 (2) city, cities, than, clean, as
3 as, as

중간 · 기말고사 p.24
1 ⑤
2 ①
3 ③
4 ③
5 ②
6 any, other
7 The smaller, the higher
8 ⑤
9 ⑤
10 ④
11 ②
12 ①
13 ④

서술형 대비 문제
1 more, No, as(so), nothing
2 The sharper, the easier
3 The train is slower than the plane.
4 The village is quieter than the city.

Grammar in Reading　　　　　　　　　　p.27

1 ②

2 ③

그녀의 시 가운데 하나는 "나는 보잘 것 없는 사람이다. 당신은 누구인가?"로 시작된다. 평생 그녀는 실제로 정말 보잘 것 없는 사람인 것처럼 느꼈을지도 모른다. 왜냐하면 그녀의 작은 고향 밖에서는 그녀를 알고 있는 사람들이 거의 없었으니까. 그러나 이 조용히 살던 여인은 사후에 미국의 가장 사랑받는 시인 중의 한 명이 되었다. 언제 그녀가 시를 쓰기 시작했는지, 어느 누구도 정말 알지 못한다. 그녀는 자신의 시들이 발표되기를 원했지만, 신문사들은 그것들을 원치 않았다. 마침내 두 편이 신문에 발표되었지만, 편집자가 그것들을 고쳤고 그녀의 이름을 쓰지도 않았다.

Super Speaking　　　　　　　　　　p.28

A　1 A: I think cycling is more exciting than swimming. What do you think?

　　　 B: I think cycling isn't as exciting as swimming.

2 A: I think doing homework is more boring than washing the car.

　　 What do you think?

　　 B: I think doing homework isn't as boring as washing the car.

B　1 A: In your opinion, what is one of the most famous landmarks in France?

　　　 B: I think the Eiffel Tower is one of the most famous landmarks in France.

2 A: In your opinion, what is one of the most beautiful places in the world?

　　 B: I think Venice is one of the most beautiful places in the world.

실전 서술형 평가 문제 (모범 답안)　　　　　　p.29

A　1 China is the largest country in Asia.

2 Mt. Halla is the highest mountain in South Korea.

3 Yao Ming is the tallest basketball player in China.

4 The Amazon River is the longest river in Brazil.

5 The Sun is the largest planet in our solar system.

B　1 Jenny is as old as Ava.

2 Alice is the shortest girl of the three.

3 Jenny is the heaviest girl of the three.

4 Ava is heavier than Alice.

5 Ava is taller than Jenny.

6 Alice is the youngest girl of the three.

C　1 (Megan fox) is the pretties actress I have ever seen.

2 (Chemistry) is the most difficult subject I have ever studied.

3 (Mt. Halla) is the highest mountain that I have ever climbed.

4 (Sushi) is the worst food that I have ever eaten.

5 (Yeon–jae Son) is the best athlete that I have ever seen.

Chapter 8
관계사

Unit 1 ● 기본기 탄탄 다지기　　　　　　p.34

1 (1) lives　　(2) who　　(3) that　　(4) which　　(5) are　　(6) have

Unit 2 ● 기본기 탄탄 다지기　　　　　　p.35

1 (1) who(m)　　(2) which　　(3) which

2 (1) O　　(2) O　　(3) X　　(4) O

Unit 3 ● 기본기 탄탄 다지기　　　　　　p.36

1 (1) whose　　(2) whose　　(3) who　　(4) whose

　　(5) whose　　(6) which　　(7) which

서술형 기초 다지기 ❶　　　　　　p.37

1 (1) is a person who(that) cuts men's hair

　　(2) is a person who(that) helps ill people

　　(3) is a person who(that) trains athletes

　　(4) is a person who(that) serves people in a restaurant

　　(5) is a person who(that) writes for a newspaper

　　(6) is a person who(that) looks after teeth

　　(7) is a person who(that) works in a bank

2 (1) We met a woman whose dream is to start a business.

　　(2) She's going to buy a dress whose color is very beautiful.

　　(3) The man whose wallet was stolen called the police.

3 (1) The girls who(m) we met at the party were very lovely.

　　(2) The magazine which I read on the plane was interesting.

　　(3) All of the people who(m) I called yesterday can come to the meeting on Monday.

4 (1) which you lost

　　➡ Have you found the keys? / You lost them.

　　(2) whom you met last week

　　➡ The woman lives in Seoul. / You met her last week.

　　(3) who became a successful figure skater

　　➡ This book is about a girl. / She became a successful figure skater.

Oral Test　　　　　　　　　　p.39

1 (1) 주어, who, which, that　　　　(2) 선행사

2 who(m), which, 생략

3 (대)명사

Unit 4 ● 기본기 탄탄 다지기　　　　　　p.40

1 (1) to which　　(2) in which　　(3) which　　(4) with

Unit 5 ● 기본기 탄탄 다지기　　　　　　p.41

1 (1) what　　(2) what　　(3) who　　(4) which　　(5) what

Unit 6 ● 기본기 탄탄 다지기　　　　　　p.42

1 (1) who　　(2) who　　(3) which　　(4) which

서술형 기초 다지기 ❷　　　　　　p.43

1 (1) This is the book which I have been looking for.

　　This is the book that I have been looking for.

　　This is the book for which I have been looking.

　　This is the book I have been looking for.

　　(2) The woman who(m) I was talking to was interesting.

　　The woman that I was talking to was interesting.

　　The woman to whom I was talking was interesting.

　　The woman I was talking to was interesting.

2 (1) what I wanted to do   (2) what they did to me

   (3) What happened last night   (4) what we need

3 (1) who was bleeding on her face   (2) which surprised everyone

   (3) who lives in London is a doctor

4 (1) Psychology is one of the subjects. / I am very interested in it.

   (2) I enjoyed the CD. / We listened to it at Susan's apartment.

5 What he's looking for is newspapers that report an important part of history.

Oral Test   p.45

1 who(m), which, that, who

2 선행사

3 추가/부가, 접속사, 대명사, that, what

Unit 7 • 기본기 탄탄 다지기   p.46

1 (1) where   (2) on which   (3) where   (4) when   (5) which

---

Unit 8 • 기본기 탄탄 다지기   p.47

1 (1) why   (2) why   (3) X   (4) how

Unit 9 • 기본기 탄탄 다지기   p.48

1 (1) The house\/Mozart / 관계부사   (2) the show\/we / 관계대명사

   (3) The girl\/we / 관계대명사   (4) a time\/I / 관계부사

   (5) the house\/Kathy / 관계대명사

서술형 기초 다지기 ❸   p.49

1 (1) Cheongwadae is the place where the president of Korea lives.

     Cheongwadae is the place in which the president of Korea lives.

   (2) This is the village where my father was born.

     This is the village in which my father was born.

   (3) Please give me a good reason why you didn't show up for work

     yesterday.

     Please give me a good reason for which you didn't show up for work

     yesterday.

   (4) This is the island where hundreds of wild deer live.

     This is the island in which hundreds of wild deer live.

   (5) 2002 was the year when the World Cup was held.

     2002 was the year in which the World Cup was held.

2 (1) where   (2) when   (3) why   (4) how

3 (1) the reason\/she / why   (2) a place\/you / where

   (3) The school\/I / where   (4) people\/I / who(m)/that

   (5) the man\/she / who(m)/that

4 (1) the, reason, why   (2) how

5 2001 is when we enter the twenty-first century.

   2001 is the year we enter the twenty-first century.

   2001 is the year that we enter the twenty-first century.

Oral Test   p.51

1 where, when, 전치사, 관계대명사

2 (1) why, for   (2) how, in, the, way, that

3 선행사(명사), 관계부사

Unit 10 • 기본기 탄탄 다지기   p.52

1 (1) Whoever   (2) whichever   (3) Whatever   (4) No matter which

---

Unit 11 • 기본기 탄탄 다지기   p.53

1 (1) whenever   (2) where   (3) how   (4) when

Unit 12 • 기본기 탄탄 다지기   p.54

1 (1) who   (2) that   (3) which   (4) that

   (5) that   (6) who   (7) that

서술형 기초 다지기 ❹   p.55

1 (1) whatever   (2) Wherever   (3) Whichever   (4) whenever

2 (1) Anyone who finishes the race first will win the grand prize.

   (2) Anything that can work mischief to people should be forbidden.

   (3) She always gets anything that she wants.

   (4) You may select anything which you like in this shop.

3 (1) This is the very book that I have been looking for.

   (2) Look at the boy and his dog that are walking along the road.

   (3) This is the longest novel that I have ever read.

4 (1) However hard you try, you can't forget him.

   (2) Popular movie stars are celebrities, recognized wherever they go.

   (3) This team is famous for killing time whenever they are winning.

   (4) However high you try to jump, you can't defy gravity.

Oral Test   p.57

1 -ever, 선행사

2 관계부사, 시간, 장소

3 that

중간 · 기말고사   p.58

1 ③

2 ⑤

3 ④, ⑤

4 ②

5 ①

6 ②

7 who

8 why

9 ③

10 ②

11 ⑤

12 ④

서술형 대비 문제

1 which

2 in which the Japanese tortured our people

   where the Japanese tortured our people

3 the car (which/ that) Jessica bought last year

4 No matter how hard you may try

1 ④

2 something irritates the nasal nerve

3 ①

만약 여러분이 사람들 앞에서 재채기를 하면, 누군가 '신의 가호가 있기를'이라는 말을 할 것이다. 그 이유는 간단하다. 재채기는 폐에서 공기가 파열하면서 일어나는 것이다. 어떤 것이 코 신경을 자극하게 되면, 뇌는 코와 입을 통해서 폐 밖으로 공기를 강제로 배출하라는 신호를 보내게 된다. 공기의 속도는 꽤 빠르다; 여러분은 시속 160킬로미터(시속 100마일) 이상으로 재채기를 한다. 그리고 재채기를 하는 동안에 폐는 공기를 흡수할 수 없게 되고 심장은 박동을 멈춘다. 그래서 만약 재채기를 멈출 수 없다면, 죽을 수도 있다! 게다가 코와 입을 통해 나온 공기는 세균을 옮길 수 있다. 그래서 순식간에 세균이 다른 사람에게 전달될 수 있다. 그래서 재채기할 때 손수건으로 입을 막는 것이 위생적일 뿐만 아니라 예의 바른 일이다.

A
1 A: Who is Newton?
   B: Newton is the man who developed the theory of Gravity.
2 A: Who is Mother Teresa?
   B: Mother Teresa is the woman who gave her life to helping the poor and ill.

B
1 A: What did you buy last night? Can you show me?
   B: Sure. Here it is. This is what I bought last night.
2 A: What did you buy last week? Can you show me?
   B: Sure. Here it is. This is what I bought last week.

A
1 A dictionary is a book which/that we look in when we need to know the meaning of a word.
2 A fire fighter is a person who(m)/that we ask for help when we see a fire.
3 A telescope is a device which/that we use to see objects far away.
4 A bookstore is a place which/that we go to when we need to buy a book.
5 Ketchup is a sauce which/that we eat with burgers and French fries.

B
1 Do you know a restaurant where we can have a good meal?
2 I don't want to date a man whose mother lives with him.
3 I met a pretty girl whose parents ran a big bakery downtown.
4 I'll never forget the day when you kissed me first.
5 The volunteer work which I did during the last vacation changed me a lot.
6 2012 was the year when the Korean soccer team won the Olympic bronze medal for the first time.

C
1 The black Mamba, which is Africa's most poisonous snake, lives in the jungle.
2 The Pyramids of Egypt, which are in the desert at Giza, are about 4,500 years old.
3 I went to see the doctor, who told me to rest for a few days.
4 We stayed at the Grand Hotel, which Jane recommended to us.
5 Pablo picasso, who was a famous Spanish painter, spent most of his life in France.
6 The Eiffel Tower, which is in Paris, is 300 meters high.

Chapter 9
접속사

1 (1) while　(2) While/When/As　(3) when
(4) As

1 (1) By the time　(2) After　(3) before　(4) until

1 (1) as　(2) because of　(3) owing to
(4) because　(5) Since　(6) Thanks to

1 (1) I like to read books while I listen to jazz music.
(2) The thief was seen as he was climbing over the wall.
(3) What are you going to do when you're waiting for me?
(4) The earthquake occurred while they were sleeping.
(5) He was listening to the radio when someone knocked on the door.

2 (1) walk / will go　(2) goes / will spend　(3) visits / will take
(4) have / will buy　(5) won't quit / win

3 (1) I didn't go to the party because I was busy with my homework.
(2) All the banks were closed because it was a national holiday.

4 (1) until he comes　(2) since I moved here
(3) since I lost my wallet this morning　(4) due to the rain
(5) Thanks to the scientists' prediction

5 (1) While I was walking down the street, I met a ghost.
(2) After Alice finished the work, she went to a movie.

1 (1) 과거진행 / 과거　(2) while / when / as
2 (1) before / after / since / 완료　(2) until / by the time
(3) 현재
3 ～ 때문에 / 완료 / 명사(구) / 동명사

1 (1) look　(2) don't mind　(3) will go
(4) freezes　(5) gets　(6) won't be able to

1 (1) Though　(2) if　(3) despite
(4) In spite of　(5) if　(6) because

1 (1) Thus　(2) but　(3) both
(4) On the contrary　(5) otherwise

서술형 기초 다지기 ② p.77

1 (1) Either / or　(2) Both / and　(3) not / but
　(4) both / and　(5) Neither / nor

2 (1) If the weather is nice tomorrow, we will go camping.
　(2) If she travels to Africa, she must wear light clothes.
　(3) If I don't have money, I will get help from the government.

3 (1) However　(2) Besides　(3) nevertheless

4 (1) You can't play tennis there unless you are a member.
　(2) The tiger won't attack you unless you move suddenly.
　(3) The doctor won't see you today unless it's an emergency.

5 (1) Tom didn't get the job in spite of being qualified.
　(2) Even though I was really tired, I couldn't sleep.
　(3) Though she waited in line for 2 hours, she couldn't buy a ticket for the movie.
　(4) I won't go to her concert even if you paid me.

6 (1) not, only, but, also　(2) Not, either, or

Oral Test p.79

1 (1) if, 현재, unless　(2) 현재
2 although / though / even though / even if / (대)명사 / 동명사
3 (1) 복수 동사 / B　(2) 결과 / 대조 / 첨가 / 예시 / 선택

Unit 7 • 기본기 탄탄 다지기 p.80

1 (1) that he would get a prize ⇒ O
　(2) that she can get the job ⇒ O
　(3) That smoking can cause cancer ⇒ S
　(4) that she drinks too much coffee ⇒ C
　(5) that plants need water to grow ⇒ S

Unit 8 • 기본기 탄탄 다지기 p.81

1 (1) why she left　(2) where he is living
　(3) what time the movie begins　(4) how old Jessica is

Unit 9 • 기본기 탄탄 다지기 p.82

1 (1) Whether　(2) If　(3) whether　(4) whether　(5) if

서술형 기초 다지기 ③ p.83

1 (1) That she knew my secret all along is obvious.
　　It is obvious that she knew my secret all along.
　　The fact that she knew my secret all along is obvious.
　(2) That Peter will not return is certain.
　　It is certain that Peter will not return.
　　The fact that Peter will not return is certain.

2 (1) I don't know why Eric left.
　(2) Could you tell me what time she will return?
　(3) I wonder how far it is from Seoul to Busan.
　(4) Do you know who(m) Sunny talked to?

3 (1) know ∨ forty　(2) point out ∨ a labor　(3) think ∨ Mr. Jones

4 (1) where I can park my car
　(2) if(whether) this cake is made of wheat
　(3) how long the movie is
　(4) if(whether) a single room is available for tonight

5 (1) Who owns the copyright for this book?
　(2) Is there a drugstore nearby?

Oral Test p.85

1 명사 / it / 생략
2 (1) '의문사 + 주어 + 동사' / '의문사 + 동사'
　(2) 의문사
3 if / whether / if

중간 · 기말고사 p.86

1 ④
2 ④
3 ④
4 ④
5 ⑤
6 ①
7 ①
8 ③
9 Although
10 While
11 until
12 ①
13 ②

서술형 대비 문제

1 Who do you think is in the restroom?
2 Who do you guess will be the next president?
3 how old your grandmother is
4 what the most typical Korean dish is
5 if/whether the movie is playing
6 I will go camping with my family
7 neither ⇒ either로 고침

Grammar in Reading p.89

1 ⑤
2 ②
3 ③

몇몇의 연구 결과는 대학입학 시험과 관련된 스트레스가 청소년기의 심리적인 발달과 자아 정체성에 부정적으로 관련이 있고, 심각한 경우에는 정신장애의 위험을 증가시킬 수도 있다는 것을 보여 준다. 한국 학생들이 시험에 대해 걱정하고 스트레스를 받는 많은 이유가 있다. 많은 한국 사람들은 고등교육이 인생에서 성공을 보장해 준다고 생각한다. 따라서, 대부분의 한국 부모들은 자녀의 학업 성취에 대해 너무 많이 걱정한다. 일반적으로 젊은 사람들은 사춘기 때에 매우 예민해지고, 대학입학 시험을 잘 봐야 한다는 압박과 그들 부모님의 지나친 기대가 극심한 부담이 된다.

Super Speaking p.90

A 1 A: Are you going to watch a movie on TV later today?
　　B: What? Sorry. I didn't hear you.
　　A: I need to know if you are going to watch a movie on TV later today.

2 A: Are you going to go to the beach later today?
　　B: What? Sorry. I didn't hear you.
　　A: I need to know if you are going to go to the beach later today.

B 1 A: What was Peter doing when you came home yesterday?
　　B: He was reading a book when I came home yesterday.

2 A: What was your mother doing when you saw her yesterday?
　　B: She was doing the laundry when I saw her yesterday.

실전 서술형 평가 문제 (모범 답안) p.91

A
1. After they got married, they had a baby.
   They got married before they had a baby.
2. After he succeeded, he helped poor people.
   He succeeded before he helped poor people.
3. After he learned to walk, he rode a bicycle.
   He learned to walk before he rode a bicycle.
4. After they missed the last subway, they walked home.
   They missed the last subway before they walked home.

B
1. If it rains tonight, I will go to the movie theater.
2. If the weather is cold, I will turn the heating on.
3. If there is no class tomorrow, I will go to the beach.
4. If I don't have homework tonight, I will go shopping with my friends.
5. If I win the lottery, I will buy a white sports car.

C
1. if she likes to watch a scary movie
2. where she lives
3. if she is thinking about me
4. if she wants me to call
5. if she likes me
6. if she is going to kiss me
7. if these dishes will suit her taste

Chapter 10
가정법

Unit 1 ● 기본기 탄탄 다지기 p.96
1. (1) finish (2) close (3) will go
   (4) will visit (5) grows (6) get

Unit 2 ● 기본기 탄탄 다지기 p.97
1. (1) were (2) could (3) isn't (4) can't (5) would (6) will

Unit 3 ● 기본기 탄탄 다지기 p.98
1. (1) could have passed (2) would travel (3) didn't go

서술형 기초 다지기 ❶ p.99
1. (1) were (2) will be able to start (3) had had
   (4) saw (5) get/will get (6) could have caught
2. (1) don't know, can't send (2) were, could, run
   (3) don't have, can't invite (4) didn't, stay, up, wouldn't, be
3. (1) will go (2) rains
   (3) will/are going to watch (4) will cook
   (5) will be
4. (1) If we had gone to a good restaurant, we would have had a better dinner.
   (2) If Nancy had not lent me the money, I couldn't have bought the house.
   (3) If the weather hadn't been terrible, we would have enjoyed ourselves.
5. (1) were (2) had (3) becomes (4) don't protect
6. (1) What would you do if a millionaire asked you to marry him or her?
   (2) What would you do if you lost your smartphone in a restaurant?

Oral Test p.101
1. 현재, 미래, 현재, 미래, 현재
2. (1) 과거, 과거, were (2) 현재, 부정, 긍정
3. (1) had + V-ed, have + V-ed (2) 과거, 부정, 긍정

Unit 4 ● 기본기 탄탄 다지기 p.102
1. (1) didn't have to work (2) lived
   (3) had been (4) had studied

Unit 5 ● 기본기 탄탄 다지기 p.103
1. (1) were (2) knew (3) were
   (4) had visited (5) had taken (6) had been

Unit 6 ● 기본기 탄탄 다지기 p.104
1. (1) If it were not for your help (2) If it had not been for my parents
   (3) If a war should break out

서술형 기초 다지기 ❷ p.105
1. (1) I wish I lived in Australia.
   (2) I wish I didn't have to go to school on Saturdays.
   (3) I wish he brushed his teeth.
   (4) I wish I were allowed to go out after 9 o'clock.
   (5) I wish I spoke more languages.
2. (1) I wish I had completed my homework yesterday.
   (2) My grandma wishes she had finished elementary school.
   (3) I wish I had read many good books in my school days.
   (4) Jane wishes she hadn't painted it(the door) blue.
3. (1) as if we were twins (2) as if I were floating in the air
   (3) as if she had seen a ghost (4) as if he were a millionaire
   (5) as if she had not known me (6) as if I were her younger brother
4. (1) If they had realized the danger, they would have done it differently.
   (2) If it were not for water, nothing could live.
   (3) If it should rain, he would not start.
   (4) If it had not been for your advice, I would have lost all my money.
   (5) If he had been better prepared, he would have gotten the job.
   (6) If it had not been for your help, we wouldn't have been alive.

Oral Test p.107
1. 과거, 과거완료
2. 과거, 과거완료
3. (1) If it were not for, If it had not been for
   (2) were, had, should

중간 · 기말고사 p.108
1. ④
2. ③
3. ⑤
4. ②
5. ①
6. ③
7. ①, ⑤
8. ⑤
9. ②
10. ⑤

11 ④

12 ①

서술형 대비 문제

1 were

2 Had I not realized you needed help, I couldn't have helped you.

3 didn't, accept

4 If it rains tomorrow, we won't go on a picnic.

5 knew

Grammar in Reading　　　　　　　　　p.111

1 ③

2 ⑤

내가 한국에 있었을 때 일어난 일이다. 나는 한 번 한국 친구 집에 초대되었다. 나는 외국인들이 그런 초대를 받는 것이 흔치 않다는 것을 알았기 때문에 그 집에 방문했을 때 매우 영광스러웠고 고마웠다. 나는 친구 아내를 위해 꽃 한 다발을, 친구 아이들을 위해 사탕을 가지고 갔다. 내가 들어갈 때, 내 친구, 그의 아내 그리고 두 아이들은 나를 반갑게 맞았다. 하지만 내가 안에 들어갔을 때, 그들은 갑자기 아연실색하였다. 친구 아내는 숨 쉬는 것을 잊어버릴 정도로 충격을 받았고, 친구는 너무 놀라 아무 말도 못했으며 아이들은 불쾌해 보였다. 난 내가 무엇인가를 잘못했다는 것을 알았지만 문제가 무엇인지는 알지 못했다. 후에, 나는 내가 신발을 벗었어야 했다는 것을 알게 되었다. 내가 어떻게 알겠는가? 우리나라에서 사람들은 집에 들어갈 때 보통 신발을 벗지 않는다. 만약 그들의 관습을 더 잘 알았다면 그날 밤이 좀 더 즐거울 수 있었을 것이다. 그 날 밤 이후, 나는 그들로부터 다시는 초대받지 못했다.

Super Speaking　　　　　　　　　　p.112

A　**1**　A: I always miss the school bus.

　　　　B: If I were you, I would wake up earlier in the morning.

　　2　A: I was very rude to Tom this morning.

　　　　B: If I were you, I would apologize to him.

B　**1**　A: What does Su-ji wish for?

　　　　B: She wishes she spoke English better.

　　2　A: What does William wish for?

　　　　B: He wishes his children didn't ask him for money all the time.

실전 서술형 평가 문제 (모범 답안)　　　p.113

A　**1**　If he had had enough talent, he could/might/would have been an actor.

　　2　If his parents had had the money, he could have gone to university.

　　3　If Cindy had liked him enough, she might/would have married him.

　　4　If he had been rich, he would have built a school.

　　5　If his uncle hadn't left a will, he wouldn't have become a millionaire.

　　6　If he hadn't become a millionaire, Cindy wouldn't have married him.

B　**1**　I wish I had asked her what her last name was.

　　2　I wish I hadn't told her that she looked ugly.

　　3　I wish I had asked her to dance with me.

　　4　I wish I had told him my last name.

　　5　I wish I had been friendly with him.

　　6　I wish I hadn't told him I was tired.

　　7　I wish I had given him a chance.

C　**1**　If water reaches boiling point, it changes into steam.

　　2　If you throw an apple into the air, gravity pulls it back to the earth again.

　　3　If she feels really tired, she (usually) listens to K-pop music.

　　4　If the temperature reaches −15℃, the lake freezes.

Chapter 11
일치와 화법

Unit 1 ● 기본기 탄탄 다지기　　　　　　p.118

1　(1) is　　(2) is　　(3) wants　(4) are　　(5) is　　(6) is　　(7) is

Unit 2 ● 기본기 탄탄 다지기　　　　　　p.119

1　(1) are　　(2) is　　(3) are　　(4) are　　(5) have　　(6) was

Unit 3 ● 기본기 탄탄 다지기　　　　　　p.120

1　(1) had done　　　(2) could win　　　　(3) was

　　(4) can　　　　　(5) would

서술형 기초 다지기 ❶　　　　　　　　　p.121

1　(1) eat　　　(2) has done　(3) makes　　(4) lives　　(5) is

　　(6) are　　(7) is　　　(8) is　　　(9) is　　　(10) have

　　(11) are　　(12) have　　(13) are　　(14) has　　(15) is

　　(16) is　　(17) is

2　(1) needed to go to the department store

　　(2) had been busy

　　(3) was going to arrive at noon

　　(4) could teach me how to play the guitar

3　(1) sees ➡ saw　(2) have ➡ had　(3) must ➡ had to

4　(1) went　　(2) hadn't　　(3) was　　　(4) will be

Oral Test　　　　　　　　　　　　　　p.123

1　(1) 단수　　　　　　　　　(2) 단수

2　(1) and, Both, 복수　　　　(2) 단수, 복수, 복수, 형용사

3　모든, 과거, 과거완료

Unit 4 ● 기본기 탄탄 다지기　　　　　　p.124

1　(1) starts　(2) held　(3) goes　(4) broke　(5) is　(6) are

Unit 5 ● 기본기 탄탄 다지기　　　　　　p.125

1　(1) told/said to, they, couldn't　　(2) said, she, was

　　(3) said, he, had, met　　　　　　(4) told/said to, she, would

　　(5) said, she, had, to

Unit 6 ● 기본기 탄탄 다지기　　　　　　p.126

1　(1) asked, it, was　　　　　　(2) who, my, teacher, was

　　(3) had, lived, before　　　　(4) why, he, was

서술형 기초 다지기 ❷　　　　　　　　　p.127

1　(1) was　　(2) travels　　(3) goes　　(4) ends　　(5) broke

2　(1) Her father told/said to her that she couldn't get married until she was 28.

　　(2) They say that they are going to London to see Frank.

　　(3) She said that she always gets up at 6:00.

　　(4) She said that she really liked that house.

(5) Kathy says that she can't swim, but she can ride a bicycle.

(6) He will tell you that he hasn't got(gotten) any money.

(7) She said that they were getting married the next month.

3 (1) She asked how old I was.

(2) Tom asked me how long I had lived there.

(3) The teacher demanded to know why I was so late.

(4) My father wanted to know why I hadn't telephoned.

4 (1) I will go to the gym tomorrow / me that he would go to the gym the next day

(2) The concert is almost perfect / that the concert was almost perfect

5 (1) He said to(asked) her, "What day is good for you to see a movie with me?"

(2) Kevin said to(asked) me, "What do you want?"

Oral Test p.129

1 현재, 과거

2 (1) that, 과거, 과거완료　　　　(2) 현재

3 의문사, 주어, 동사, 의문사, 동사

Unit 7 ● 기본기 탄탄 다지기 p.130

1 (1) to, stay　　　　(2) if/whether, I, played

(3) not, to, watch　　　　(4) if/whether, I, had, met

서술형 기초 다지기 ❸ p.131

1 (1) if/whether Sandra worked on Saturdays

(2) if/whether I spoke English

(3) if/whether I had seen the musical

(4) if/whether I had a computer

(5) if/whether I had come by train

2 (1) My girlfriend ordered me to wait outside.

(2) My father advised me not to leave my job.

(3) Sarah invited me to come to her party.

(4) She told him not to shout at her.

3 (1) Is it easy to use a smartphone?

(2) Did you enjoy the party?

(3) Did you open the window?

(4) Did you finish washing the dishes?

4 (1) him to slow down　　　(2) her to marry him

(3) her to hurry up　　　(4) her not to worry

Oral Test p.133

1 ask, if, whether

2 to부정사, not, 동사, 목적어, to부정사

중간 · 기말고사 p.134

1 she could swim across the river

2 ②

3 ②

4 ③

5 ③

6 ②

7 ④

8 ⑤

9 ③

10 ④

11 ⑤

서술형 대비 문제

1 are

2 Cindy said that she was moving out soon.

3 She told me that plants need light to photosynthesize.

4 she and her husband had enjoyed the movie the night before

5 if/whether

Grammar in Reading p.137

1 ②

2 ④

십대들은 상상(허상)의 관객들로 둘러싸여 있다. 그들은 자신이 자기 자신에게 쏟는 관심만큼이나 남들도 그들에게 관심이 있을 것이라고 생각한다. 모든 사람들이 자신들을 지켜보고 있다고 생각하기 때문에, 그들은 남의 이목을 대단히 의식한다. 예들 들어 한 소년이 자신의 코 때문에 매력적이지 않다고 생각할지 모른다. 다른 사람들이 그의 코에 전혀 신경 쓰지 않는다고 설득하는 것은 불가능하다. 또한, 십대 소녀들이 친구들과 얘기를 할 때면, 그들은 과장되게 표현하거나 크게 웃고 얘기하며, 가상의 청중들이 있는 것처럼 행동한다. 하지만, 그들은 점차 다른 사람들이 그들에게 별로 관심이 없다는 사실을 깨닫는다. 십대들의 행동은 다른 사람들이 자신들을 지켜보기에는 그들의 삶이 너무 바쁘다는 것을 깨달으면서 변하게 된다.

Super Speaking p.138

A **1** A: How many of the women are wearing hats?

B: All of them are wearing hats.

2 A: How many of the people are sitting?

B: Almost all of them are sitting.

B **1** A: The earth is a planet of the solar system, isn't it?

B: You're right. We learned that the earth is a planet of the solar system.

2 A: Asia is the largest continent in the world, isn't it?

B: You're right. We learned that Asia is the largest continent in the world.

실전 서술형 평가 문제 (모범 답안) p.139

A **1** She asked me where I came from.

2 She asked me where I wanted to go.

3 She asked me if I had seen the Buckingham Palace.

4 She asked me if I had visited the British Museum.

5 She asked me if it was my first time in London.

6 She asked me how long I was going to stay there.

B **1** Kathy told her babysitter not to take the dog into the children's bedroom.

2 Kathy told her babysitter to close the windows.

3 Kathy told her babysitter to phone her if there was an emergency.

4 Kathy told her babysitter not to let the children eat any sweets.

5 Kathy told her babysitter to give the children a bath before they went to bed.

6 Kathy told her babysitter to send the children to bed at 9 o'clock.

C Alice asked Scott when he was leaving for Korea. Scott answered that he was leaving the following week. Alice told Scott not to take a lot of stuff with him. Scott wanted to know if/whether two suitcases were too many. Alice answered yes. She said to Scott that he should remember that he would have to carry them wherever he went. Alice told him not to do what she had done. She told Scott that she had taken too many things with her.

Chapter 12
특수구문

Unit 1 ● 기본기 탄탄 다지기　　　　　　　　p.144

1 (1) last week, 부사구　(2) here, 부사　(3) like, 동사

　(4) come, 동사　(5) Steve, 주어

　(6) Korean language and culture, 목적어

Unit 2 ● 기본기 탄탄 다지기　　　　　　　　p.145

1 (1) does　　　　　　　(2) on earth

　(3) in the least　　　　　(4) Who was it that

Unit 3 ● 기본기 탄탄 다지기　　　　　　　　p.146

1 (1) does she come to class on time

　(2) came a sudden shower

　(3) did I dream that Tom would become a pro baseball player

　(4) appeared the moon

서술형 기초 다지기 ❶　　　　　　　　　　p.147

1 (1) It was Lisa that wrecked her father's car last week.

　(2) It was in Seoul that Emily first met Min-su.

　(3) It was a woman that we saw break into the house last night.

　(4) It is this car that I want to buy, not that car.

　(5) It was under the bed that Jane found the ring last night.

2 (1) does, enjoy　(2) the, very　(3) in, the, world

　(4) at, all　(5) Do, tell

3 (1) Never have we met again since 2010.

　(2) Little did I dream that Robert would marry Susan.

　(3) No sooner had she seen her teacher than she ran away.

　(4) Hardly had they started watching a scary movie when the power went out.

　(5) From Egypt came most knowledge of the world.

　(6) On the floor lay a lot of newspapers.

4 (1) are three cups　(2) have I seen　(3) rushed the girls

　(4) did she say　(5) had he heard the test result

Oral Test　　　　　　　　　　　　　　　p.149

1 동사, 동사, 동사원형, I, this book, at the bookstore, last Saturday

2 (1) very　　　　　　　(2) 의문사

3 동사, 주어, 조동사, 주어, 동사

Unit 4 ● 기본기 탄탄 다지기　　　　　　　　p.150

1 (1) is　(2) either　(3) did　(4) too　(5) neither　(6) did

Unit 5 ● 기본기 탄탄 다지기　　　　　　　　p.151

1 (1) 부분　(2) 부분　(3) 전체　(4) 부분　(5) 전체

Unit 6 ● 기본기 탄탄 다지기　　　　　　　　p.152

1 (1) lunch box　(2) see you　(3) it is

　(4) I was　(5) speak Japanese

서술형 기초 다지기 ❷　　　　　　　　　　p.153

1 (1) So would I.　(2) Neither have I.　(3) So was I.

　(4) So will I.　(5) Neither can I.　(6) Neither did I.

　(7) Neither was I.

2 (1) Not, both　(2) not, always　(3) Not, all

　(4) not, every　(5) Nobody(No one)

3 (1) to　(2) When　(3) Although　(4) others

4 (1) I don't like Japanese food, and neither does my wife.

　(2) Susan goes to college, and so do her brothers.

　(3) Brian can't speak French, and neither can I.

5 (1) They were soccer players when they were in school.

　(2) To some life is pleasure, to others life is suffering.

　(3) You may go there if you want to go there.

Oral Test　　　　　　　　　　　　　　　p.155

1 so, 주어, neither, 주어

2 not, 부분, 전체

3 (2) 주어, be

중간 · 기말고사　　　　　　　　　　　　　p.156

1 ③

2 ①

3 ④

4 ⑤

5 ③

6 ①

7 ①

8 ②

9 ③

10 ④

11 ①

12 ④

서술형 대비 문제

1 So did I

2 Not all doctors have large incomes

3 did Lisa use the elevator

4 Never have I stayed at such an expensive hotel.

5 Kevin hasn't finished his homework, and neither has Sunny.

1 ⑤

2 ②

3 It is our parents who(that) have given us our sense of right and wrong, our understanding of love, and our knowledge of who we are.

부모는 우리 인생에 큰 영향을 미치는데, 우리가 유아일 때 그들의 존재를 인식한다. 먼저 부모는 "만지지 마라." 또는 "그러면 나빠."하고 주의를 줌으로써 우리에게 기본적인 생활양식을 가르친다. 우리는 독립적인 노력을 통해서 이러한 교훈을 배운다고 생각하겠지만, 그건 우리가 그것을 배우는 방법이 결코 아니다. 옳고 그름에 대한 지각, 사랑에 대한 이해, 그리고 우리가 누구인지에 대한 인식을 갖게 하는 사람은 바로 부모이다.

성장하면서, 우리는 부모를 점점 덜 만난다. 우리는 집을 떠나 우리 자신만의 새로운 가정을 꾸린다. 그래서 때때로 우리는 그림자가 없는 태양 아래서 걸을 수 있다고 생각한다. 그러나 여전히 그림자는 사라지지 않았다. 우리는 우리의 생활 속에 우리의 목소리와 얼굴 표정, 촉감, 그리고 손과 마음의 따스함 속에 그들의 존재를 지니고 있다.

우리는 그들과 우리가 불가분의 관계라는 것을 알게 되었을 때 그들은 이미 사라지고 결코 그들을 볼 수 없을 때이다. 사실, 우리는 긴 전체 생애에서 그들을 우리 자신과 분리할 수 없었다. 그 그림자(영향력)는 여전히 그 곳에 있으나, 사실 그들은 결코 빛을 가린 적이 없었다.

A　**1**　A: What do you have to do at home?

B: I have to wash my dad's car.

A: So do I.

2　A: What do you have to do at home?

B: I have to tidy my bedroom.

A: So do I.

B　**1**　A: What on earth are you doing now?

B: I'm making a sandwich.

2　A: What on earth are you doing now?

B: I'm just killing time until my job starts.

A　**1**　It was a strange man that broke the car last night.

2　It was the car that he broke last night.

3　It was last night that a strange man(he) broke the car.

B　**1**　George cooks every day, and so does Sarah.

2　George likes K-pop music, and so does Sarah.

3　George isn't working this Saturday, and neither is Sarah.

4　George has already been to Korea, and so has Sarah.

5　Geroge can speak Korean and Japanese, and so can Sarah.

C　**1**　Never have we stayed at such an expensive hotel.

2　Never had he seen such a lovely girl.

3　In front of the terminal stopped the taxi.

4　Rarely did they fight with other tribes.

5　Hardly could she sleep well last night because of the noise.

6　Seldom have we felt happy since we moved in here.